*O princípio pluralista em resenha*

Claudio de Oliveira Ribeiro
(org.)

# *O princípio pluralista* em resenha

Edições Loyola

Dados Internacionais de Catalogação na Publicação (CIP)
(Câmara Brasileira do Livro, SP, Brasil)

---

O princípio pluralista em resenha / organização Claudio de Oliveira Ribeiro. -- 1. ed. -- São Paulo : Edições Loyola, 2023. -- (Leituras Teológicas)

Vários autores.
Bibliografia.
ISBN 978-65-5504-247-4

1. Ecumenismo 2. Ciência e religião 3. Diversidade cultural 4. Pluralismo religioso 5. Teologia I. Ribeiro, Claudio de Oliveira. II. Série.

23-142913 CDD-261.2

---

Índices para catálogo sistemático:
1. Pluralismo religioso    261.2

Aline Graziele Benitez - Bibliotecária - CRB-1/3129

**Capa:** Viviane Bueno Jeronimo
**Diagramação:** Sowai Tam

A revisão do texto desta obra é de
total responsabilidade de seus autores.

**Edições Loyola Jesuítas**
Rua 1822 nº 341 — Ipiranga
04216-000 São Paulo, SP
T 55 11 3385 8500/8501, 2063 4275
**editorial**@loyola.com.br
**vendas**@loyola.com.br
**www.loyola.com.br**

*Todos os direitos reservados. Nenhuma parte desta obra pode ser reproduzida ou transmitida por qualquer forma e/ou quaisquer meios (eletrônico ou mecânico, incluindo fotocópia e gravação) ou arquivada em qualquer sistema ou banco de dados sem permissão escrita da Editora.*

ISBN 978-65-5504-247-4

© EDIÇÕES LOYOLA, São Paulo, Brasil, 2023

# Sumário

7 ............................................................................ Apresentação:
O meu receio em falar
sobre o *princípio pluralista*
*Claudio de Oliveira Ribeiro*

13 ............................... Acolher o dom do pluralismo religioso
*Faustino Teixeira*

23 ............... A dimensão mistagógica do *princípio pluralista*
*Rosemary Fernandes da Costa*

37 ............................... O *princípio pluralista* em questão
*Daniel Santos Souza*

47 ................. Uma luz para os diálogos inter-religiosos
e para a teologia das religiões
*Alonso Gonçalves*

55 ............................................. Teologias do plural: ênfases, métodos e perspectivas
*Martin Santos Barcala*

67 ............................................. Um princípio para uma cultura de paz e uma espiritualidade inclusiva
*José Pascoal Mantovani*

75 ............................................. O *princípio pluralista* e o giro decolonial
*Ana Ester Pádua Freire*

81 ............................................. Analisar criticamente, pensar teologicamente: uma apresentação do *princípio pluralista*
*Jefferson Zeferino*

89 ............................................. O *princípio pluralista*: um instrumento de análise para os estudos da religião
*Ernani Francisco dos Santos Neto*

97 ............................................. O *princípio pluralista*: entrelugar, decolonialidade e transdisciplinaridade
*Giovanna Sarto*

107 ............................................. Quando o caminho pessoal encontra o acadêmico: entre a práxis e a teoria, uma resenha de O *princípio pluralista*
*Grazyelle de Carvalho Fonseca*

119 ............................................. O *princípio pluralista* como desafio para a reflexão teológica no século 21
*André Yuri Gomes Abijaudi*

129 ............................................. Diálogo e polidoxia
*Angélica Tostes*

137 ............................................. Sobre os autores e autoras

# Apresentação

## O meu receio em falar sobre o *princípio pluralista*

Claudio de Oliveira Ribeiro

Eu utilizei pela primeira vez a expressão *princípio pluralista* em agosto de 2017, em uma conferência no Programa de Pós-Graduação em Teologia da Pontifícia Universidade Católica de São Paulo (PUC-SP) cujo tema foi "Pluralismo religioso na América Latina". Estava bastante motivado pelas experiências de diálogo inter-religioso que se abriam para mim, especialmente no contexto de participação em fóruns inter-religiosos e em outros canais de diálogo, tanto em nível local e nacional quanto também nos espaços internacionais criados pelo Programa de Cooperação e Diálogo Inter-Religioso do Conselho Mundial de Igrejas (CMI).

Após a conferência, o Programa da PUC teve a gentileza de publicar o texto em sua *Revista de Cultura Teológica*, sob o título "O *princípio pluralista*: bases teóricas, conceituais e possibilidades de aplicação" (2017). Depois disso, vários outros trabalhos foram publicados por mim, na busca de aprofundamento conceitual e aplicabilidade, e tiveram boa circulação e certa aceitação em alguns setores dos estudos de religião.

A formulação desse princípio é resultado de duas décadas de pesquisas que pude realizar sobre temas ecumênicos em chave teológica latino-americana e de análises, no campo das Ciências da Religião, acerca da realidade de pluralidade religiosa que marca o nosso tempo. Há, portanto, uma produção com certa amplitude que antecede as pesquisas recentes. Elas foram desenvolvidas no contexto dos Programas de Pós-Graduação em Ciência(s) da Religião da Universidade Metodista de São Paulo (2007-2017), da Pontifícia Universidade Católica de Campinas (2018-2019) e da Universidade Federal de

Juiz de Fora (2019-2021), nas quais atuei. O desenvolvimento do trabalho encontrou solo fértil no Grupo Interinstitucional de Pesquisa "Espiritualidades contemporâneas, pluralidade religiosa e diálogo", da Associação Nacional de Pós-Graduação e Pesquisa em Teologia e Ciências da Religião (ANPTECRE) e da Sociedade de Teologia e Ciências da Religião (SOTER), liderado pelos professores Gilbráz Aragão (UNICAP), Roberlei Panasiewicz (PUC-Minas), Cecília Simões (UFJF) e por mim.

Nessa trilha, procurei oferecer uma obra mais extensa e detalhada, intitulada *O princípio pluralista*, publicada pelas Edições Loyola em 2020. Nela apresento todos os passos e as bases de minha pesquisa, incluindo os desafios de natureza metodológica, teológica e antropológica advindos das reflexões sobre o *princípio pluralista*. Como desdobramento do livro, várias resenhas foram apresentadas em revistas acadêmicas qualificadas de nossa área. Algumas surgiram espontaneamente, outras foram incentivadas por mim mesmo na medida em que via o interesse de jovens pesquisadores no tema.

Além das resenhas, eu estive bastante reticente, pensativo e até receoso em organizar livros sobre o *princípio pluralista* que envolvesse outros autores e autoras. Os motivos parecem ser óbvios, pois se trata de um debate em torno de uma perspectiva, o *princípio pluralista*, que eu tenho formulado e divulgado, o que poderia, à primeira vista, ser interpretado, mesmo por mim, como uma atitude personalista e pedante. Além disso, poderia soar como uma iniciativa artificial e não ser necessariamente fruto da ressonância da importância do tema, mas um esforço do próprio autor em divulgar seu trabalho.

Esse receio começou a ser quebrado quando pude observar o interesse de vários estudantes e de alguns colegas sobre a noção do *princípio pluralista*, tal como eu o concebo. Aqui e ali fui encontrando referências a ele em artigos, dissertações e teses de diferentes procedências. Considerei, então, que poderia arriscar alguns passos...

Em 2020, foi articulado um grupo de estudantes para produzir textos em reação crítica e propositiva ao *princípio pluralista*, procurando relacioná-los com suas pesquisas e preocupações. Esse esforço resultou em um dossiê da revista *Caderno Teológico*, da PUC-PR, intitulado "Diversidade religiosa e cultural e o 'princípio pluralista'". Essa iniciativa me animou e me encorajou a dar outros passos.

No ano seguinte, organizei dois livros, *O princípio pluralista em debate* e *Diversidade religiosa e o princípio pluralista*, ambos publicados pela Editora Recriar; um terceiro está em fase final de edição e relaciona esse princípio com as tarefas decoloniais. Os autores e autoras dessas obras aceitaram, muito gentilmente, a proposta de reagir às ideias contidas na formulação do *princípio pluralista*, com críticas, ampliação dos temas e conceitos, aplicações e diálogo.

As resenhas ora apresentadas também guardam o espírito de crítica ao *princípio pluralista*, ao lado de sínteses que considerei bastante criativas e bem elaboradas, ampliando o leque sobre os temas em questão. Agradeço ao grupo que se debruçou nos temas relativos a esse princípio e espero que tais resenhas sejam úteis para se ter uma visão panorâmica do *princípio pluralista* e possam motivar novas análises a respeito de questões ligadas à diversidade e ao pluralismo. Também sou grato às revistas que acolheram a proposta de republicação. Após reunir as resenhas, tive a ideia de incluir nesta obra o prefácio que Faustino Teixeira, pessoa querida e meu professor no mestrado em Teologia, generosamente elaborou para o livro editado em 2020. Considero que foi uma boa composição.

Por fim, expresso a minha gratidão ao amigo Paulo Roberto Salles Garcia, pelo trabalho profissional que fez com a leitura atenta dos originais e indicações preciosas para o texto.

Boa leitura!

**Claudio de Oliveira Ribeiro**

# Acolher o dom do pluralismo religioso[1]

Faustino Teixeira

---
[1] Prefácio do livro *O princípio pluralista* (Loyola, 2020).

Fiquei imensamente feliz ao receber o convite do amigo de muitas décadas, Claudio de Oliveira Ribeiro, para prefaciar o seu livro *O princípio pluralista* (Loyola, 2020). Estivemos juntos em vários momentos, desde os tempos da teologia na PUC do Rio, nas assessorias às Comunidades Eclesiais de Base, no Grupo de Emaús e no trabalho acadêmico comum em torno do ecumenismo, do diálogo inter-religioso e da teologia do pluralismo religioso. Percebo muitas semelhanças em nossa atenção teológica, no cuidado com esse tema tão essencial que é levar a sério o pluralismo das religiões e o apelo que tal pluralismo provoca em nossa reflexão teológica cristã.

Hoje, de forma singular, o apelo ao pluralismo torna-se mais urgente diante de um mundo que se encurta com o crescimento das forças identitárias e com o fenômeno impressionante dos fundamentalismos de todos os matizes. Na visão do teólogo dominicano Claude Geffré (2004, p. 134), o pluralismo religioso revela-se como "o horizonte da teologia no século XXI". Mais que uma questão, o pluralismo religioso mostra-se como o caminho que se abre, novidadeiro, para uma nova hermenêutica da fé cristã (DUPUIS, 2018, p. 21). Motivo de alegria é verificar entre lideranças religiosas mundiais, como Dalai Lama e o Papa Francisco, a viva afirmação da abertura plural. Em sua exortação apostólica sobre o anúncio do evangelho no mundo atual, *Evangelii Gaudium*, o Papa Francisco sinaliza que "a diversidade é bela". É o que ele confirma também no auspicioso documento sobre a fraternidade humana assinado junto com o Grão Imã de Al-Azhar, Ahmad Al-Tayyeb: "O pluralismo e as diversidades de religião, de cor, de sexo, de raça e de língua fazem parte daquele sábio desígnio divino com que Deus criou os seres humanos"[2].

O fenômeno pluralista não é visto, porém, com esse olhar de benignidade, conforme destacam algumas lideranças religiosas mais abertas, mas é percebido por muitos como um fator de risco e ameaça. O sociólogo Peter Berger sinalizou por diversas vezes o temor que o pluralismo provoca na sociedade atual, sobretudo em razão de ele significar uma ameaça à sedimentação dos mundos cognitivos. Grande parte das pessoas, e também das tradições religiosas, preferem navegar no mar tranquilo das certezas adquiridas. O pluralismo, em verdade, provoca uma crise de sentido, uma inquietação nas pessoas, diante da disponibilização de mundos alternativos (BERGER, 2017, p. 33). Ele é temido pelo fato de enfraquecer as certezas que mantinham aquietados os seres humanos em sua cotidianidade, daí a reação que provoca, muitas vezes embalada pelas crispações identitárias.

O livro de Claudio Ribeiro busca resgatar toda essa reflexão sobre o pluralismo religioso e propõe o que define como *princípio pluralista*, entendido como um "instrumento hermenêutico de mediação teológica e analítica da realidade sociocultural e religiosa". A extensa obra vem dividida em quatro partes, que tratam das bases teóricas e conceituais plurais (I), da pluralidade metodológica (II), da pluralidade religiosa (III) e da pluralidade

---

2 <http://w2.vatican.va/content/francesco/pt/travels/2019/outside/documents/papa-francesco_20190204_documento-fratellanza-umana.html>. Acesso em: 15 nov. 2019.

antropológica (IV). São ricos apontamentos que trazem o estado da discussão contemporânea em torno do tema do pluralismo religioso e buscam enriquecer o debate com novos aspectos da reflexão, vindos da perspectiva de uma espiritualidade integradora, inclusiva e ecológica.

O ponto inspirador para a reflexão está na discussão acerca do pluralismo de princípio, que traduz um campo de importante aquisição no debate teológico contemporâneo, que expressa o pensamento de autores como Raimon Panikkar, Edward Schillebeeckx, Jacques Dupuis, Claude Geffré, Roger Haight, Paul Knitter e John Hick.

A partir de sua inserção ecumênica e popular, bem como seu trabalho acadêmico nas ciências da religião, Claudio avança com ousadia nesse campo considerado quase "minado" na reflexão teológica cristã, em razão dos procedimentos tradicionais ainda vigentes. Sublinha em sua obra que desde jovem foi tomado pela sensibilidade ao Deus sempre maior e ao longo de seu percurso existencial foi se dando conta de que a teologia cristã deve estar aberta aos novos desafios que procedem das visões interdisciplinares que emergem no campo acadêmico, seja no âmbito da teologia, seja em outros segmentos das ciências humanas.

Claudio é alguém que está bem domiciliado na Teologia da Libertação (TdL), embora tenha consciência clara dos novos desafios que foram se apresentando para a teologia latino-americana nas últimas décadas, sobretudo no campo das religiões, da espiritualidade e da corporeidade. Com respeito ao diálogo com as religiões, a TdL foi sendo provocada a ampliar seu olhar por volta da década de 1990, com a abertura às questões indígenas e o debate sobre a inculturação (TEIXEIRA, 2014). Em sua reflexão, Claudio Ribeiro retoma o histórico da Teologia da Libertação e reconhece que, em razão da prioridade conferida ao "dado político", outros aspectos passaram desapercebidos, ou não foram levados em consideração, em razão da urgência histórica. Sublinha os desafios das "diferenças culturais" com os traços híbridos e as "demandas da vida que surgem com as dimensões do cotidiano", envolvendo também as questões ligadas à corporeidade. Traz ao debate importantes contribuições de teólogas e teólogos que chamaram a atenção para tais lacunas, entre os quais Ivone Gebara, Marcella Althaus-Reid e Hugo Assmann. Enriquecer a reflexão da teologia pluralista das religiões com esses novos eixos talvez tenha sido o traço original da reflexão de Claudio Ribeiro.

Dentre os temas mais espinhosos e desafiadores que acompanham a teologia do pluralismo religioso estão aqueles relacionados à cristologia e à eclesiologia. São raros os teólogos que ousaram avançar para além da perspectiva inclusivista (TEIXEIRA, 2012). Em seu livro, Claudio chama a atenção para o problema. Vale lembrar que mesmo a Teologia da Libertação ainda ficou cerceada por um inclusivismo que obstruiu passagem para uma perspectiva mais arejada na abordagem acerca das religiões (TEIXEIRA, 2006; 2014). Deve-se acrescentar igualmente o limite na reflexão sobre a sexualidade, como também aponta Claudio, servindo-se dos questionamentos lançados por Ivone Gebara e Marcella Althaus-Reid.

Reconhecer de fato a riqueza do pluralismo religioso e o valor da diversidade significa ultrapassar o quadro tradicional de reflexão que envolveu o pensamento cristão ao longo dos séculos. Há axiomas que ficaram consagrados, como aquele que afirma a centralidade da igreja, sem a qual não se processa a salvação. Assim também no campo da cristologia, com a fixação na ideia da constitutividade salvífica de Jesus Cristo. Diversas manobras teológicas foram desenvolvidas para "driblar" essa questão, seja mediante a ideia de um pluralismo inclusivo, seja a afirmação da vigência de uma assimetria entre as religiões. Falou-se, por exemplo, em pluralismo assimétrico (DUPUIS, 2004) ou universalismo assimétrico (QUEIRUGA, 2010). No fundo, em nome da identidade cristã, mantém-se uma assimetria para resguardar a primazia e novidade da revelação cristã com respeito às outras tradições religiosas.

Uma crítica contundente a essa perspectiva foi realizada pelo teólogo Christian Duquoc, que busca questionar aqueles que tendem a suavizar a questão. Em nome da dignidade da diferença e do reconhecimento da "extraordinária diversidade das religiões", ele questiona as teses *rahnerianas* e outras similares. Para o teólogo, não há como manter um inclusivismo que só é capaz de reconhecer no outro a sua "capacidade de abrir-se positivamente àquilo que ignoram ou, talvez, mesmo combatam" (DUQUOC, 2008, p. 168). É uma visão que não respeita devidamente o destino sagrado dos outros caminhos religiosos e de seus seguidores.

Os teólogos da perspectiva pluralista mais explícita, como John Hick e Paul Knitter, avançaram com tranquilidade para além do inclusivismo, desbancando qualquer resquício de teologia do acabamento ou da realização. Outros mais moderados, como o jesuíta Roger Haight, resguardaram a abertura pluralista ao questionar a constitutividade crística no processo da salvação. Para ele, essa constitutividade "foi minada por simples internalização da consciência histórica" (HAIGHT, 2003, p. 466). Quebra-se, assim, o nexo causal entre Jesus e a salvação de todos, abrindo um espaço mais decisivo para ação do Mistério sempre maior, que não pode ser absorvido na experiência crística. Como indica Haight (2003, p. 477), "Deus como Espírito pode ser concebido como o fundamento universal da salvação, normativamente revelada em Jesus, mas igualmente presente em outras religiões e, portanto, normativamente revelada também nelas".

Não há dúvida de que os cristãos têm o direito de confessar, em perspectiva interna de sua fé, a normatividade de Jesus. Mas isso não pode, objetivamente, estender-se aos outros, como se também estivessem condicionados por tal normatividade. É interessante perceber que Jesus mesmo foi teocêntrico, não reservando a si qualquer exclusividade. O testemunho evangélico segue então numa perspectiva distinta do inclusivismo, favorecendo a plausibilidade de um pluralismo de direito.

Com o recurso ao *princípio pluralista*, Claudio Ribeiro chama nossa atenção para a importância de situar a questão dentro de um quadro mais amplo, que envolva uma perspectiva mais "policromática", apontando para uma visão pluralista mais ecumênica e sintonizada com as exigências da alteridade. É um caminho bonito que se abre, com um transfundo transdisciplinar, transcultural e transreligioso, como indica o benfazejo caminho do grupo de trabalho a que pertence Claudio, em torno das espiritualidades contemporâneas, pluralidade religiosa e diálogo. O livro é também fruto de aprendizados e trocas realizadas nessa equipe multidisciplinar.

Em recente trabalho, a teóloga Ivone Gebara, com um olhar equipado pela sensibilidade pluralista, nos recorda a essencial dimensão ética e práxica da Teologia da Libertação. Há que evidenciar mais a urgência das relações éticas, em vez de se gastarem energias e ficar desvairando em horizontes transcendentalistas. O problema fundamental está em resgatar a dimensão da presença junto aos outros e encarnar o passo da compaixão: "Tive fome e me destes de comer. Tive sede e me destes de beber" (Mt 25,35). Como diz Gebara,

> O divino é a capacidade de sair de mim e acolher o outro. Então é o divino humano, mas também outra coisa. O divino é essa beleza desse sol iluminando essas árvores, essas plantas. É divino também que de repente a gente se encontrou e a gente está conversando e está sentindo que tem coisas que a gente entente. Então, nós tiramos a verticalidade do divino e colocamos o divino numa circularidade muito maior a tal ponto de que a gente não vê, a gente não sabe o princípio e o fim[3].

## Referências

BERGER, Peter. *Os múltiplos altares da modernidade. Rumo a um paradigma da religião numa época pluralista*. Petrópolis: Vozes, 2017.

BRITTO, Débora. Ivone Gebara: 'Precisamos rever a luta pelo Estado Laico e o papel das religiões'. *Portal Geledés*, 20 jul. 2019. Disponível em: <https://www.geledes.org.br/ivone-gebara-precisamos-rever-a-luta-pelo-estado-laico-e-o-papel-das-religioes/>. Acesso em: 15 nov. 2019.

---

[3] Disponível em: <https://www.geledes.org.br/ivone-gebara-precisamos-rever-a-luta-pelo-estado-laico-e-o-papel-das-religioes/>. Acesso em: 15 nov. 2019.

Dupuis, Jacques. *O cristianismo e as religiões: do desencontro ao encontro*. São Paulo: Loyola, 2004.

_____. *Alle frontiere del dialogo*. Bologna: EMI, 2018.

Duquoc, Christian. *O único Cristo: a sinfonia adiada*. São Paulo: Paulinas, 2008.

Geffré, Claude. *Crer e interpretar. A virada hermenêutica da teologia*. Petrópolis: Vozes, 2004.

Haight, Roger. *Jesus, símbolo de Deus*. São Paulo: Paulinas, 2003.

Papa Francisco; Grão Imã Ahmad Al-Tayyeb. *Documento sobre a fraternidade humana em prol da paz mundial e da convivência comum*. 2019. Disponível em: <http://w2.vatican.va/content/francesco/pt/travels/2019/outside/documents/papa-francesco_20190204_documento-fratellanza-umana.html>. Acesso em: 15 nov. 2019.

Queiruga, Andrés T. *Repensar a revelação*. São Paulo: Paulinas, 2010.

Teixeira, Faustino. O desafio do pluralismo religioso para a teologia latino-americana. In: ASETT (org.). *Pelos muitos caminhos de Deus. Desafios do pluralismo religioso à teologia da libertação*. Goiás: Rede, 2003, p. 65-84.

_____. Uma eclesiologia em tempos de pluralismo religioso. In: Tomita, Luiza E.; Vigil, José María; Barros, Marcelo (orgs.). *Teologia latino-americana pluralista da libertação*. São Paulo: ASETT/Paulinas, 2006, p. 149-167.

_____. *Teologia e pluralismo religioso*. São Paulo: Nhanduti, 2012.

_____. *Cristianismos e teologia da libertação*. São Paulo: Fonte Editorial/PPCIR, 2014.

# A dimensão mistagógica do *princípio pluralista*

Rosemary Fernandes da Costa

---

Resenha publicada originalmente em *Atualidade Teológica*, Rio de Janeiro, v. 25, n. 68, p. 496-503, jul./dez. 2021 (versão com pequenas adaptações).

*Oh, quem não viu vai ver*
*A onda do mar crescer*
**Lenine**

Um manual temático, um caminho de discernimento, muitas inspirações, reflexões e provocações, um grande convite à revisão teológica, sociológica, mas especialmente um convite existencial. Sim, todas essas dimensões se fazem presentes na obra *O princípio pluralista*, de Claudio de Oliveira Ribeiro.

Venho aqui convidar você a ter em mãos esse trabalho e se deixar envolver pelo denso mapeamento bibliográfico e reflexões pessoais que embasam o livro. Ele revela uma tripla dimensão do autor – é autobiográfico, é fruto de mais de dez anos de pesquisa teológica e é provocação para a abertura sensível ao ser divino, nas inúmeras linguagens que buscam se aproximar do Mistério que passa por nós e nos seduzem a irmos além.

O eixo referencial que movimenta a pesquisa do autor é também o eixo de sua própria vida. É como se a pesquisa fosse uma linha contínua que vai brotando e, ao mesmo tempo, firmando os passos do autor em sua caminhada pastoral, teológica e pedagógica.

O percurso existencial de Claudio Ribeiro e esse trabalho estão alinhados, por isso mesmo cada página possui um sabor diferente. Estamos diante de uma pesquisa muito qualificada, detalhada quanto às principais referências para o tema que persegue e fundamenta; além disso, sentimos nessa densidade a presença carismática e apaixonada do pesquisador e escritor. A dialética entre o que o autor pesquisa e estuda e a forma como esses estudos e discernimento críticos vão aterrissando em sua vida são notáveis. Digo isso porque tantas vezes lemos obras magnânimas, com todo louvor acadêmico e amplo material bibliográfico, o que é excelente. Mas, nem sempre é possível se aproximar tanto das muitas dimensões que se articulam nesse trabalho e os caminhos históricos que Claudio Ribeiro vai trilhando, como se fosse "encarnando" os estudos, pouco a pouco, se deixando atingir, converter, agregar linguagens, desconstruir hipóteses e reconstruir novas possibilidades.

A segunda dimensão presente no livro é a orientação teológica que o autor persegue, abrindo diante do leitor um grande mapa bibliográfico que reúne não apenas o pensar teológico, mas também as disciplinas que se entrecruzam no tema central do trabalho: o *princípio pluralista*.

Na verdade, o autor está retomando uma atitude de fundo, necessária à pesquisa e à reflexão teológicas, que consiste em trabalhar com as mediações culturais, críticas e analíticas em seus múltiplos olhares epistemológicos para as sociedades e suas dinâmicas históricas e contemporâneas. Essa atitude conduz a uma mesa transdisciplinar, na qual a teologia possui seu olhar específico, mas que escuta simetricamente as mediações que vêm das ciências humanas, das hermenêuticas filosóficas e antropológicas, das sabedorias originárias e populares, das desconstruções e novas construções que brotam da estética e da literatura.

Pensar o *princípio pluralista* demanda essa mesa transdisciplinar, que aponta para a complexidade das dinâmicas subjetivas e intersubjetivas e seus muitos braços, sejam socioeconômicos, sejam a partir das culturas e cosmovisões, sejam a partir dos fundamentos antropológicos das muitas fés. É importante delimitar que há uma pergunta de fundo que orienta o teólogo Claudio Ribeiro: ele busca não apenas coletar e oferecer o amplo legado da teologia latino-americana, mas vai além. A partir desse esforço crítico e metodológico, ele movimenta novas perguntas que se tornam provocadoras e norteadoras do quanto já se caminhou no eixo do *princípio pluralista*, mas também o tanto que ainda é necessário caminhar.

## Bases teóricas plurais

O livro está organizado em quatro grandes partes: Bases teóricas e conceituais plurais; Pluralidade metodológica; Pluralidade religiosa; e Pluralidade antropológica.

Na primeira parte (Bases teóricas e conceituais plurais), em três capítulos bem encorpados, Claudio Ribeiro nos oferece uma boa revisão bibliográfica que confirma sua perspectiva ecumênica, crítica e propositiva. Nessa etapa introdutória, o autor revisita três aspectos que considera fundamentais desde sua juventude até os nossos dias. O primeiro diz respeito às fontes teológicas que embasaram sua formação, nos anos 1980 e, a partir delas, o segundo é a necessidade já emergente de ligar fontes teóricas e práticas pastorais e sociais. O terceiro aspecto, como que decorrente dos dois primeiros, é o tema da espiritualidade, por vezes ausente nessas articulações teológico-práticas. Ao longo de sua análise, ele vai demonstrando que houve uma ampliação de horizontes no que diz respeito ao método teológico, que hoje avança para reflexões que abarcam as dimensões subjetivas, ecumênicas e plurais. Além dessa abordagem, uma nova perspectiva ecumênica

também se faz presente, com nova hermenêutica atenta
à dimensão profética em nossos tempos e aos caminhos
concretos para a vivência do *princípio pluralista*.

Nessa primeira parte, destacamos o caminho metodológico que integra a própria biografia do autor, seu percurso pastoral e teológico, com os processos de discernimento que a teologia experimenta, abrindo-se ao diálogo com as muitas teologias cristãs e suas interpretações e vivências. Com esse recurso metodológico, Claudio Ribeiro propõe um caminhar lado a lado com os teólogos e teólogas, seus desafios, indagações e proposições. Não sei se ele se dá conta de que, dessa forma, se torna um mistagogo, que toma pela mão, sem se colocar à frente, mas como companhia. Por meio desse método, vai descortinando processos e reflexões como quem faz uma viagem pelo tempo, reconhecendo onde estava e convidando a uma leitura atenta entre fatos e proposições teológicas. É um recurso bastante original, pois assume proximidade e demonstra o quanto a teologia é leitura contextual e, ao mesmo tempo, hermenêutica e profecia.

Nessa estrada, percorre o momento paradigmático de renovação teológica e pastoral no Brasil e América Latina dos anos 1980. Em um Brasil esperançoso, fase final da ditadura, emergem propostas de transformação social com as quais a teologia dialoga revendo tanto sua compreensão de mundo e relações como as estruturas necessárias para responder ao novo tempo que já era semeado nas comunidades. Claudio Ribeiro nos conduz pelas reflexões de Rubem Alves, Leonardo Boff, grandes teólogos da libertação, da leitura popular da Bíblia, a articulação entre teologia e prática e as análises parceiras que chegavam das mãos dos cientistas sociais. Não podemos deixar de nomear a paixão pelas Comunidades Eclesiais de Base, onde Claudio Ribeiro experimenta o alargamento metodológico e teórico nas bases populares e consegue tocar e se deixar converter pela convivialidade eclesial. A teologia se faz chão, se faz povo, se faz releitura e abre muitas perspectivas não apenas para o autor, mas para o caminho teológico que bebe nessas fontes históricas. "A comunidade é a nova realidade social a partir da qual se elabora uma nova eclesiologia. [...] A comunidade se define em sua relação dialética e ambivalente com a instituição, e é uma criadora de significações" (p. 100).

Nessa integração entre teoria e prática, ou seja, nessa práxis, o autor segue sua trajetória em organismos que darão lugar e espaço hermenêutico às reflexões e encaminhamentos eclesiais e sociopolíticos.

Ainda nessa primeira etapa, o autor nos conduz a uma interlocução entre a teologia latino-americana e a teologia europeia de matriz protestante, especialmente pelas mãos e reflexões de Karl Barth e de Paul Tillich: duas mãos que se unem no caminho ecumênico, mas, especialmente, fundamentando esse caminho nas dimensões dinâmicas, livres e interpeladoras do espírito de Deus.

Mantendo seu fio condutor, o autor perscruta sinais de ruptura e de continuidade para a constituição do *princípio pluralista* na teologia de Rubem Alves, em diálogo fecundo com as experiências pastorais e políticas de alguns setores latino-americanos. A Teologia da Libertação dá seus primeiros passos, com novas produções teológicas e mudanças significativas nas orientações pastorais, e nessa trajetória também desenvolve sua autocrítica pelas mãos de

Hugo Assmann, Juan Luis Segundo, Julio de Santa Ana, José Comblin e, mais adiante, Ivone Gebara e Marcella Althaus-Reid.

Nesse percurso, Claudio Ribeiro demarca que esses são autores e autoras fundamentais para compreendermos e firmarmos a importância do *princípio pluralista*. "Entre as diversas críticas, destacamos a necessidade de a produção teológica se livrar dos 'cativeiros eclesiásticos' e adquirir perspectivas mais plurais. Além disso, valorizar a concepção do Reino de Deus como realidade teologal [...]" (p. 133).

Seguindo de mãos dadas com o autor, ele nos conduz a um dos capítulos mais sedutores de seu trabalho. No Capítulo 3 da primeira parte, apresenta as reflexões mais recentes sobre "o valor dos entrelugares e fronteiras e do conceito de polidoxia para a compreensão do pluralismo", no qual se torna mais evidente a relação entre a religião e a cultura. O debate assume análises a partir das muitas linguagens da religião, sobre as incidências do pluralismo, especialmente as de fundo antropológico e suas conexões socioculturais, "como as que se relacionam com as dimensões da alteridade nas relações humanas e do lúdico, com a corporeidade e com a sexualidade, especialmente" (p. 138).

Por intermédio de sínteses desafiantes, pois cada um dos pensadores dessa etapa é extremamente complexo, o autor nos apresenta as contribuições de Homi Bhabha, de Boaventura de Souza Santos e de Kwok Pui-Lan quanto às concepções de entrelugares e fronteiras. Se até aqui o tema do alargamento de horizontes metodológicos já se apresentava, nesse capítulo há um convite radical para novas epistemologias, novos olhares e ampla disponibilidade para desconstrução de processos que conduziram as reflexões teológicas por lugares já conhecidos e, por isso mesmo, aparentemente, mais sólidos. Nesse capítulo, o leitor ainda se encontra com Nestor Canclini e com as perspectivas que chegam do pensamento decolonial, a partir de Anibal Quijano, Enrique Dussel e Walter Mignolo.

## Pluralidade metodológica

Podemos, então, adentrar à segunda parte da obra, e estaremos diante de uma revisão bibliográfica de peso. Na verdade, o próprio autor nos fala sobre o esforço necessário para responder às demandas que chegam em vista não apenas de uma apresentação bibliográfica, mas que inclua também perspectivas críticas, propositivas e criativas na direção do *princípio pluralista*.

Nessa etapa, Claudio Ribeiro trabalha em três eixos. No primeiro, mantém sua metodologia e apresenta o tema fundamental da bipolaridade, seus esquemas reducionistas e o consequente abandono das dimensões de complexidade sociais, econômicas, culturais, ambientais, políticas e, portanto, também afetando o pensamento teológico. No segundo eixo, veremos o tema da relação entre a espiritualidade e as formas plurais de subjetividades, e no terceiro, ele se debruça sobre as teologias e suas repercussões sociais, políticas, ou seja, na vida pública.

Portanto, aqui se abre o debate acerca da interação entre economias, políticas, compreensão de desenvolvimento humano e social, como também quanto aos processos de globalização. O autor segue indicando a percepção de complexidade sistêmica, que vem se contrapor a análises lineares e desenvolvimentistas e fundamentar ainda mais a necessidade de que as reflexões teológicas sejam realizadas no campo plural da transdisciplinaridade.

Esses pensamentos aterrissam na realidade pastoral popular, pois nosso autor entende e defende o *princípio pluralista* como práxis teológica, como eco, convocação e hermenêutica a partir do universo existencial, cultural e simbólico do povo. Analisar as mediações sociopolíticas desemboca em uma grande revisão da prática pastoral, "a fim de dar lugar a uma compreensão de vida e da fé com um caráter mais ecumênico e plural" (p. 185).

Mantendo seu gênero literário, Claudio Ribeiro dialoga com a própria pesquisa. Nesse ponto, se defronta com sua formação até aqui e se questiona sobre certa linearidade nas vozes teológicas. Inspirado em Martin Buber, Ribeiro nos diz que "somos textos para serem interpretados [...] conjugamos a vida no plural..." (p. 189). Com essa motivação, adentra ao universo das vozes não uníssonas, a caminhos não tão lineares, aos "atos de criatividade cultural" lembrados por Paul Tillich, às muitas leituras teológicas, até mesmo além dos limites de algumas compreensões eclesiais, como, por exemplo, a poesia.

É nesse mesmo sentido que o autor nos indica a emergências das subjetividades e sua centralidade no debate sobre o *princípio pluralista*. O tema das hermenêuticas bíblicas se faz presente, revisando suas ênfases e também suas lacunas, como, por exemplo, o encontro com a vida, com a fé, com a fragilidade humana, com as múltiplas formas de vida comunitária, com a dimensão da corporeidade e a dimensão cósmica. É uma proposta de integração na qual a espiritualidade ganha novas perspectivas e concretudes: "É importante que se busquem outros referenciais que transcendam a imanência do mundo empírico e que sejam capazes de animar e de dar esperança, para mim e para tantas pessoas e grupos que carecem de vida" (p. 205).

Em sua revisão da teologia latino-americana, o autor apresenta as culturas religiosas africanas e indígenas e suas desafiadoras leituras teológicas trazendo novos referenciais para o pluralismo, para além da racionalidade cristã ocidental.

## Pluralidade religiosa e antropológica

Na terceira parte do trabalho, Claudio Ribeiro dirige todos os olhares para o pluralismo religioso, considerando as principais referências no tema no quadro contemporâneo, tanto no que diz respeito às leituras conjunturais como àquelas de cunho mais teológico. Percorrer essa trajetória é uma viagem de profunda revisão dos referenciais nos quais fundamentamos nosso pensar e agir, uma saudável provocação. Aproveitando a metáfora da trajetória, Claudio Ribeiro nos conduz por aldeias conhecidas e desconhecidas: as relações economia-religiões, as compreensões do conceito de religião, os estudos pós-coloniais, as repercussões das visões imperialistas e seus desafios éticos.

No capítulo seguinte, ele nos faz viajar pelo cenário religioso brasileiro, relacionando as formas eclesiológicas, as matrizes culturais, a diversidade, as pertenças múltiplas, mas também as dimensões de intolerância e fundamentalismos, igualmente presentes.

Um tema central que o autor sustenta nessa etapa é o da cristologia subjacente às posturas dialógicas ou que rejeitem um diálogo mais amplo, ou seja, qual é a cristologia que está por trás das posturas mais ou menos pluralistas. Nessa pesquisa, são fundamentais os debates sobre os temas da salvação, do diálogo e, mais uma vez, suas implicações éticas, sociais e ambientais.

Sem desmerecer todo o caminho feito até aqui – aliás, como consequência deste –, o Capítulo 10 é um grande convite ao *princípio pluralista*. Nele, Claudio Ribeiro abre a perspectiva para muitas possibilidades que brotam desse princípio, ou seja, enraizados no *princípio pluralista*, o que já podemos perceber como caminhos dialógicos, e o que é fundamental manter, investir, criar. Citando Amaladoss, o autor nos mostra que "um caminho alternativo deverá ter, entre outras, três características: apoio à vida, experiência de vida em comunidade e consciência de transcendência. Para dar corpo a essas perspectivas, temos necessidade de comunidades contraculturais [...]. Elas não devem ser institucionais, nem liminares" (p. 362).

Adentramos agora à quarta parte desse trabalho profundo e, ao mesmo tempo, mistagógico, pois vai nos conduzindo para dentro do Mistério numa atitude muito cotidiana, próxima e de densidade teológica e espiritual. Nessa etapa, o autor avança em perspectivas teóricas plurais, retomando as noções de fronteira e de entrelugares das culturas, mas também as análises que valorizam a complexidade e a emergência de subjetividades, a polidoxia, a pluralidade e a ecumenicidade (cf. p. 383ss).

Todas essas perspectivas brotam de um mesmo eixo: a concepção de alteridade e suas consequências para a teologia e para as ciências da religião. Contudo, é interessante observar como Claudio Ribeiro aprofunda o tema por meio das dimensões de análise deste, quais sejam, as relações entre alteridade e poder, a noção bíblica de alteridade, a abertura dialógica e seu fundamento na teologia trinitária e a mística de alteridade. Nessa etapa, salta aos olhos uma intenção que alinhava a pesquisa e seu alargamento teórico e metodológico, como um fio dourado que vai relacionando cada dimensão: a profunda integração entre espiritualidade e a centralidade ética. Ou seja, estamos diante de uma excelente revisão da literatura e pensamento contemporâneo que tem por base um olhar epistemológico sensível a atitudes redutoras ou violadoras do humano, daí a necessidade de práticas concretas de superação, como também de humanização e compromisso com a ecologia. Citando Maria Clara Bingemer, o autor alicerça essa proximidade salvífica e kairológica: "A divindade amorosa que busca redimir a humanidade é o balizador ético que impulsiona todos e todas a fazerem o mesmo ato redentor" (p. 399).

Dentre os teólogos e teólogas que dão as mãos nessa abertura e fundamentação do *princípio pluralista*, o autor nos convida a aprofundar as abordagens de Jurgen Moltmann, com a pneumatologia integral; de Leonardo Boff, com a espiritualidade ecoteológica; e de Ivone Gebara, com a teologia ecofeminista. E, como parte desse tema tão relevante, com eixo nas alteridades, a dimensão da corporeidade e a dimensão lúdica são as contribuições que nos chegam ao final dessa etapa. São duas dimensões recentes no campo do *princípio pluralista*, e, no entanto, sem esse olhar específico, as estruturas dialógicas se tornam comprometidas.

Aqui, Claudio Ribeiro nos provoca a não deixar de lado a corporeidade, a sexualidade, os desejos, as dimensões místicas, lúdicas, festivas, o empoderamento de grupos subalternizados, enfim, os entrelugares e formas plurais de vida (cf. p. 438ss). São realmente novas linguagens teológicas das quais muitos pensadores ainda estão buscando se aproximar e que articulam a relação fundamental entre a antropologia e a teologia.

Enfim, essa é uma obra para ser estudada, uma excelente revisão bibliográfica que cumpre suas principais intenções de não apenas fazer o mapeamento, mas de contribuir para o alargamento metodológico dos temas que dialogam com o *princípio pluralista*, tanto no campo da teologia latino-americana como no da antropologia e das ciências sociais no que concerne aos cruzamentos dentro da temática central. Fruto de anos de trabalho e pesquisa, mas igualmente da própria biografia do autor, estamos diante de uma proposta que é também encantadora, por sua coerência entre teoria e prática, entre pesquisa e biografia, entre busca e abertura dialógica.

Agradeço a Claudio a dedicação, a seriedade, a criatividade, a poesia entremeando os capítulos, o passo a passo pedagógico e até mistagógico em muitas páginas. O livro vale um curso, um grupo de estudos, um círculo hermenêutico, mas, principalmente, o aprofundamento e a própria revisão permanente do *princípio pluralista* em seu caminho histórico, principalmente em solo latino-americano.

# O *princípio pluralista* em questão

Daniel Santos Souza

Claudio de Oliveira Ribeiro escreve em seu livro, *O princípio pluralista* (2020), que o interesse que o move com esse princípio é "dialogar com *pensamentos* e *testemunhos* de vida de teólogos e teólogas cristãos, católicos e protestantes, que ousaram ter um pensamento crítico e autocrítico" (p. 23, grifo do original). Quero seguir o mesmo percurso em diálogo com a referida obra para me vincular às reflexões sobre essa "lógica plural" que tem marcado a produção desse autor nos últimos anos.

Para esse exercício, desejo primeiro testemunhar a respeito de uma vida e uma criação de teologia que, antes de tudo, é elaborada em um caminho *teórico-espiritual* (p. 48). Aprendi com essa opção que as produções acadêmicas necessitam ser vinculadas com "bases mais precisas, vividas e assimiladas dentro de experiências contextualizadas" (p. 47), para além dos grandes (e metafísicos) sistemas, as pequenas coisas, as inquietações pela vida mesma. Estamos, dessa maneira, em um "debate" com produções e elaborações que são um elogio à vida.

Entre tantas revisões e questionamentos, destaco um desafio de seu percurso que também se mostrou para mim como uma questão: a investigação perene sobre o "método teológico". Trata-se de uma inquietação pelo *como fazer* que passa por um "alargamento metodológico" para uma "compreensão mais apurada da complexidade social, evitando as formulações dicotômicas, bipolares, simplistas e redutoras da realidade, visando integrar perspectivas plurais de análise" (p. 196). Mesmo nas discordâncias ou nos distanciamentos teóricos, entendi, com ele, que o dissenso é fundamental para a criatividade e o movimento do pensamento. Aprender a discordar e a reconhecer a liberdade para a construção do conhecimento é fundamental, mas sem que isso seja uma estratégia para silenciamento ou para práticas veladas ou abertas de violência e "encobrimento do outro". Não há "alargamento" de percursos e modos de produzir conhecimento sem a presença inquietante de saberes divergentes, olhares contrários e ambiguidades – dentro e fora de nós.

Talvez, por essa marca pessoal, o *princípio pluralista* tenha sido possível como exercício teórico-metodológico. Foi preciso que houvesse uma abertura e uma valorização permanente dos "outros", mesmo nas tensões e deslocamentos. Por isso, um desafio posto nesse olhar é buscar "encontros e desencontros da teologia com a pluralidade" (p. 22), em torno do "método teológico", do "quadro religioso" ou das "questões de natureza antropológica", algo que se relaciona diretamente com a "emergência das subjetividades na atualidade" (p. 22). Esses desafios brevemente indicados evocam conceitos importantes na produção teórico-prática de Claudio Ribeiro, como as noções de alteridade, ecumenicidade e polidoxia.

Em síntese, o *princípio pluralista* é uma "linha condutora", "um instrumento hermenêutico de mediação teológica e analítica da realidade sociocultural e religiosa que procura dar visibilidade a experiências, grupos e posicionamentos gerados nos 'entrelugares', bordas e fronteiras das culturas e das esferas de institucionalidades" (p. 25).

Como linha ou possibilidade de leitura da "realidade", o *princípio pluralista* se depara com o "giro decolonial", a "tarefa de descolonizar o poder, o saber e o ser" (p. 27). Essa opção implica tantos outros desafios que passam pela "crítica à visão de um pensamento único", o "questionamento da visão de universalismo das ciências e da ética" e da "supremacia da racionalidade formal técnico-científica" e a "revisão da noção de indivíduo" (p. 27).

Diante dessas questões, a escolha de Claudio Ribeiro é procurar construir um "instrumento hermenêutico de mediação" a partir de uma perspectiva transdisciplinar e transreligiosa, implicando uma leitura crítica da "absolutização do poder econômico e político" – uma concepção atual de império relacionado ao funcionamento do "capitalismo financeiro tardio". Por isso, numa estratégia contra-hegemônica, o *princípio pluralista* possibilita um modo de atuação pública das religiões tendo em vista o "aprimoramento de práticas sociais que visem o fortalecimento democrático, a cidadania e a consolidação de direitos" (p. 41). Essa é uma posição político-teológica fruto de uma opção na vida do autor, como a obra descreve, desde os seus trabalhos com movimentos sociais, comunidades de base ou organizações ecumênicas, sempre orientado por um sério "pensamento-compromisso" em relação à valorização da vida das "pessoas pobres".

Com esta breve aproximação em relação ao *princípio pluralista*, apresento algumas problematizações diante dessa mediação de compreensão da realidade (religiosa ou não). O que foi deixado no *princípio pluralista* que posso assumir para seguir com o pensamento – mesmo em dissonância? Encontrei algumas palavras centrais entre as quais destaco: o híbrido e o sujeito.

## Uma primeira crítica: o problema de um "hibridismo *light*"

A hipótese que possuo é que o *princípio pluralista*, ao se apresentar como uma "mediação" diante da complexidade da realidade, embora assuma a concepção de "diferença cultural" proposta por Homi Bhabha (2007), parece ainda permanecer em uma multiplicidade de categorias e possibilidades teórico-metodológicas marcadas por uma disponibilização lado-a-lado, mas sem se assumir efetivamente o deslocamento potente da "negociação"; isso me parece se vincular ao conceito de *diversidade*, não o de *diferença*. A diversidade, marca de um pensamento liberal, ainda guarda uma ideia de todo-múltiplo. A pluralidade integra, ainda, o *um* normativo. Com isso, retoricamente, aposta-se na separação radical entre culturas totalizadas, que – embora reconhecendo a multiplicidade – permanecem intocadas pela intertextualidade das fronteiras. Não há embates e encontros *entre* (BHABHA, 2007, p. 63).

Em contraposição à diversidade cultural e suas problemáticas, a diferença cultural no pensamento de Bhabha é marcada pela interpelação e estranhamento entre culturas (e também entre singularidades). O outro é aquele que lança o eu a orientar-se em seus limites culturais, e não em uma dinâmica binária "eu e outro", mas em uma interação relacional "eu-outro". O espaço de articulação e enunciação é o entrelugar. A diferença não se coloca como um "múltiplo" no todo. Ela é, pois, o estranhamento necessário para o rompimento das totalidades impostas e a superação de uma cultura e sujeito universal, um habitar o "além" dos binarismos modernos e coloniais. Penso que no *princípio pluralista*, há a indicação dos outros, mas ainda é preciso assumir o "além". É aqui, como algo deixado, que quero apresentar intuições.

Penso, junto com o autor, ser urgente buscar a negociação em vez de estabelecermos caminhos de negação e exclusão cultural entre elementos oposicionais (BHABHA, 2007, p. 48). Nesse intuito, a negociação pode ser criativa, numa relação interpeladora e inventiva nas franjas subjetivas. No pensamento de Bhabha, não se constrói uma interação em que uma cultura/singularidade nega e encobre outra, há uma articulação entre ambas. Mas essa relação acontece de maneira "agonística", em tensão. Afinal, como Bhabha escreve, negociação tem origem etimológica em "(*neg* [não] + *otium* [ócio, repouso])" (2011, p. 96). Um ruído inquietante que coloca a todos em desafio e incerteza. Não se trata de uma interação que se constrói rumo a uma síntese estática; por isso, como definição mais específica, negociação para Bhabha (2011, p. 96) "é a habilidade de articular diferenças no espaço e no tempo, de ligar palavras e imagens em novas ordens simbólicas, de intervir na floresta de sinais e de mediar o que parecem ser valores incomensuráveis ou realidades contraditórias".

## O problema do sujeito

A segunda suspeita que tenho em relação ao *princípio pluralista* está no modo de invenção e inclusão dos chamados "novos sujeitos teológicos". Para além do "alargamento metodológico", há também uma ampliação dos sujeitos diante da categoria genérica das "pessoas pobres", um elemento fundamental da Teologia Latino-Americana da Libertação. A complexidade das questões antropológicas se mostra, entra tantas outras questões, diante dos seguintes temas desenvolvidos por Claudio Ribeiro em seu livro: "a visão crítica da teologia feminista" (p. 121); o "conceito de polidoxia" (p. 162); a "mudança de lugar teológico a partir da realidade das culturas religiosas afro-indígenas" (p. 233); "o valor do humano e da ética social para o diálogo inter-religioso" (p. 348); "uma espiritualidade ecoteológica" (p. 419); a "teologia ecofeminista" (p. 428); e a "dimensão da corporeidade, da sexualidade e do prazer" (p. 438).

Qual é a minha questão? A própria lógica de "inclusão" centrada ainda em um espectro de "sujeito histórico" esperado. Mesmo com o reconhecimento das ambiguidades e ambivalências humanas, algo tão bem sintetizado pelo autor em toda a sua obra, o perigo está na "captura" desses "outros" no reconhecimento de sua subjetividade e ao mesmo tempo a realização de sua sujeição a uma lógica já estabelecida nos moldes – ainda modernos – de um método de Teologia da Libertação. O que desejo apontar? Mesmo com a nomeação de outros corpos, o esquema de subjetivação ainda se mantém intacto.

A complexidade de conceitos como separabilidade, determinabilidade e sequencialidade (SILVA, 2019, p. 40) nos ajuda a compreender que os modos de vida são constituídos, entre distintos cruzamentos e variáveis históricas, sociais e subjetivas, numa racialização dos corpos, das populações e dos territórios. O mundo moderno se organiza pela separação e hierarquização da vida (sob uma lógica binária), que se desdobram na determinação (e decisão) sobre a "verdadeira natureza" das coisas (inclusive do outro-feito-coisa) e caminham, como um movimento em sequência, para determinada invenção de progresso e povo-nação desenvolvido e moderno. Aqui está o dilema: o *princípio pluralista* consegue "sabotar" essa lógica moderna de separação, determinação e sequencialidade? Ou, em nome da pluralidade, possui a mesma marca de diferenciar e incluir em um horizonte (linear?) do "Reino de Deus como realidade mística e teologal que está sempre para além da história" (p. 462)? Como, então, imaginar uma linguagem teológica em processos de dessubjetivação, desaparecimento e esvaziamento? Estaríamos dispostos a destituir o sujeito, em vez de alargarmos o modo de sua operação moderno-colonial?

Nessa obra, Claudio Ribeiro indica que, diferentemente do *pluralismo de princípio*, o *princípio pluralista* não é uma plataforma teológica, mas uma mediação para se ler a complexidade da vida. Vou em outro sentido: o meio é também um *ver-que*. O meio é, também, uma plataforma teológica. Não como um universal ou sistema fechado, mas como linhas "diagramáticas" e abertas que criam "códigos provisórios", e, ao mesmo tempo, como linhas móveis, explodem os próprios "códigos" para se criarem rumos novos. O princípio é o próprio meio em movimento, a própria diferenciação. O princípio é plural, e o plural é o princípio. Algo que é perigosamente inflamável.

Por isso, me parece que a escrita do *princípio pluralista* ainda está marcada como um dispositivo com "linhas de visibilidade", "linhas de enunciação", "linhas de força", "linhas de subjetivação". Mas ainda não encontro as "linhas de ruptura, de fissura, de fratura que se entrecruzam e se misturam". Essa é uma tarefa aberta à qual, inspirado nos percursos indicados por Claudio Ribeiro, tenho tentado me arriscar.

## Referências

BHABHA, Homi. *O local da cultura*. Belo Horizonte: UFMG, 2007.

\_\_\_\_\_. *O bazar global e o clube dos cavalheiros ingleses: textos seletos*. Eduardo F. Coutinho (org.). Rio de Janeiro: Rocco, 2011.

RIBEIRO, Claudio de Oliveira. *O princípio pluralista*. São Paulo: Loyola, 2020.

SILVA, Denise Ferreira da. *A dívida impagável*. São Paulo: Casa do Povo, 2019.

# Uma luz para os diálogos inter-religiosos e para a teologia das religiões[1]

Alonso Gonçalves

---

[1] Resenha publicada originalmente em *Horizonte*, v. 19, n. 58, p. 465-469, jan./abr. 2021 (versão com pequenas adaptações).

O livro *O princípio pluralista*, publicado por Edições Loyola, é fruto de uma trajetória marcada pela pesquisa, escrita, docência e encontros que o autor, Claudio de Oliveira Ribeiro, desenvolveu ao longo de anos a partir da temática "pluralismo religioso" e "diálogo inter-religioso". Ao longo do tempo, Ribeiro procurou tratar da teologia protestante latino-americana em consonância com a diversidade das expressões e experiências religiosas presentes na América Latina, mas de forma mais detida no Brasil. Durante esse período, o pluralismo religioso foi seu principal foco, razão por que, segundo o autor, é um princípio de análise político-social, bem como uma chave hermenêutica para a teologia e também para as ciências da religião.

A partir desse quadro, Claudio Ribeiro propõe algumas bases para o diálogo inter-religioso, tendo como trilha o caminho aberto pelo movimento ecumênico, como um dos herdeiros do segmento protestante que atuou para viabilizar esse movimento na América Latina. O livro, portanto, é a somatória desse projeto que procura ler a realidade política, social e religiosa com base no *princípio pluralista*. Quando estudante no Programa de Pós-Graduação em Teologia na PUC-Rio, o autor acolheu as indicações e intuições do teólogo Paul Tillich e tornou esse importante pensador alvo do seu doutorado. Ao lado deste, Ribeiro assumiu a perspectiva teológica de Jon Sobrino, um dos principais expoentes da Teologia Latino-Americana da Libertação. Assim, conforme ressalta, há uma síntese desses dois destacados teólogos porque ambos têm na palavra "princípio" uma abordagem em conexão com suas respectivas realidades. Resume Ribeiro (p. 17-18):

Como amante da tradição teológica protestante, especialmente a do renomado teólogo Paul Tillich, que cunhou em sua *Teologia Sistemática* a noção de "princípio protestante", e como herdeiro da visão teológica latino-americana da libertação, em especial da ideia de "princípio misericórdia", de Jon Sobrino, intuí que o *princípio pluralista*, recorrente no pensamento de variados autores e autoras, latino-americanos e de outros continentes, possibilita uma contribuição singular e expressiva tanto para as análises teológicas quanto para o campo das ciências da religião.

É a partir disso que surge, então, aquilo que o autor denomina *princípio pluralista.*

## A organização da obra

O livro está estruturado em quatro partes com treze capítulos. O texto que Ribeiro coloca em nossas mãos tem como prefaciador Faustino Teixeira, um dos mais proeminentes pesquisadores do pluralismo religioso, diálogo inter-religioso e mística religiosa no país e fora dele. Para Teixeira (p. 13), a obra é uma contribuição importante porque o autor "avança com ousadia nesse campo considerado 'minado' na reflexão teológica cristã, em razão dos procedimentos tradicionais ainda vigentes". Por ser de tradição protestante, Ribeiro tem condições de avançar em temas considerados "tradicionais" e ainda extremamente "vigentes", principalmente para reflexões de caráter católico-romano. É nesse sentido que Teixeira celebra a obra e seu conteúdo desafiador.

Na "Introdução geral", Ribeiro dá o mapa para a obra, pontuando sete objetivos para se pensar *o princípio pluralista*. Na primeira parte estão concentradas as "Bases teóricas e conceituais plurais", e o Capítulo 1 trata dos "Caminhos plurais" da reflexão teológica. Na sequência (Capítulo 2), "O legado do pensamento crítico latino-americano", Ribeiro destaca a contribuição da Teologia Latino-Americana da Libertação na voz dos autores e autoras mais críticos quanto ao que falta na reflexão dessa importante contribuição teológica para o continente latino-americano. Traz para o diálogo Rubem Alves, o primeiro a pensar uma "teologia da libertação", e teólogas feministas como Ivone Gebara e Marcela Althaus-Reid. No Capítulo 3, "O valor dos entrelugares e fronteiras e do conceito de polidoxia para a compreensão do pluralismo", o autor se apropria de teóricos da cultura e da sociologia como Homi Bhabha e Boaventura de Sousa Santos para tratar de "entrelugares" e "fronteiras". A diversidade na forma de crer está contemplada na discussão da teóloga Kwok Pui-Lan a partir da polidoxia.

Na segunda parte, Ribeiro apresenta o que chama de "Pluralidade metodológica" e faz um exercício metodológico, aplicando o *princípio pluralista* nas principais questões que tocam a vida. Nos Capítulos 4 e 5 – respectivamente "A difícil arte da revisão" e "A emergência das subjetividades e a busca de formas autênticas, plurais e libertadoras de espiritualidade" –, o autor busca abarcar questões de economia, cultura, gênero e espiritualidade. No Capítulo 6, o tema do pluralismo religioso está evidente, bem como as principais questões deste com a perspectiva feminista e afro-indígena.

Na terceira parte da obra, "Pluralidade religiosa", Ribeiro se detém em demonstrar a força do pluralismo religioso e as mudanças causadas por este no mundo (Capítulo 7: "O pluralismo religioso e o mundo em mudança"). No Capítulo 8, a "Experiência religiosa na sociedade globalizada" traz a diversidade religiosa, com destaque para a realidade brasileira, enfatizando o trânsito e as múltiplas pertenças religiosas e suas ramificações culturais. Ainda na terceira parte, Ribeiro coloca em discussão temas caros para a teologia das religiões: "A questão cristológica e o pluralismo religioso" (Capítulo 9) e "As religiões e os desafios da justiça, da paz e da sustentabilidade da vida" (Capítulo 10).

Na quarta e última parte, "Pluralidade antropológica", há três capítulos em que o autor procura entender os desafios da interculturalidade e alteridade (Capítulo 11: "Fé cristã e alteridade ecumênica") e da espiritualidade na sua dimensão integral (Capítulo 12: "Espiritualidade integral e ecológica"). Como não poderia deixar de acentuar, Ribeiro não se esquece de olhar para a diversidade que o corpo proporciona e aplica o *princípio pluralista* na dimensão da corporeidade, da sexualidade e do prazer, bem como também de trazer o tema da festa e do lúdico como condições *sine qua non* para o desenvolvimento da vida (Capítulo 13: "*Princípio pluralista*: corporeidade e o lúdico"). No final do livro, "Teologia e lógicas plurais", Ribeiro reforça a dimensão plural da vida e brinda o leitor com um mosaico musical que acompanhou a sua reflexão teológica.

## O desafio da diversidade religiosa

Uma vez que o *princípio pluralista* é um modo que "possibilita divergências e convergências novas, outros pontos de vista, perspectivas críticas e autocríticas para diálogo, empoderamento de grupos e de visões subalternas e formas de alteridade e de inclusão, considerados e explicitados os diferenciais de poder presentes na sociedade" (p. 25-26), ele é fruto de uma composição interdisciplinar tecida a partir de diferentes esquemas epistemológicos, sejam eles culturais (Homi Bhabha), sejam teológicos (Paul Tillich), sejam sociológicos (Boaventura de Souza Santos).

A partir disso, Ribeiro tem no *princípio pluralista* a possibilidade de melhor compreensão da diversidade do quadro religioso, envolvendo as ações humanas, bem como as instituições e grupos religiosos de diferentes matizes. Tendo como lógica a dimensão ecumênica, o autor tem no *princípio pluralista* uma forma de enxergar as ambiguidades da realidade religiosa que não obedecem a uma regra fixa ou a um código doutrinário restrito; antes, o *princípio pluralista* é capaz de dar visibilidade para, por exemplo, ler o "número significativo de pentecostais e batistas que atuam em áreas periféricas como favelas e ocupações rurais e urbanas, comunidades evangélicas inclusivas que integram pessoas homoafetivas na dinâmica eclesial, incluindo o ministério pastoral" (p. 31).

O *princípio pluralista* é um modo de enxergar e entender que, ainda com ambiguidade, a realidade religiosa não é binária, mais sim marcada pela multiplicidade e arranjos que, por vezes, fogem ao escopo de análises monolíticas. Concebendo-se a realidade cultural, social e religiosa a partir do *princípio pluralista*, não caberiam posturas dogmáticas e enrijecidas, ainda que haja o mesmo espaço para que discursos e práticas assim ocorram, mas essas posturas estariam deslocadas da realidade patentemente plural.

Com a perspectiva do *princípio pluralista*, Ribeiro entende que os principais elementos que devem nortear a reflexão teológica e a vivência religiosa e humana em geral são a alteridade, o respeito à diferença e o diálogo e a cooperação prática e ética em torno da busca da justiça e do bem comum, procurando no diálogo meios para que essas questões sejam viabilizadas. Em diálogo com autores católicos e protestantes, o autor demarca os campos de atuação da teologia das religiões, demonstrando sua atualidade diante dos desafios latino-americanos e contribuindo para que o diálogo interreligioso tenha fôlego entre as experiências religiosas marcadas pela pluralidade. Ribeiro está atento aos limites que a teologia latino-americana tem em relação à temática das religiões. Assim, sabe-se que a Teologia Latino-Americana da Libertação, ainda que atuante em setores populares, não se atentou para a pluralidade cultural-religiosa no continente; antes, priorizou o dado político para suas interpretações e nem sempre esteve atenta às diferenças culturais (p. 94-95).

Nesse sentido, o *princípio pluralista* contribui para que uma leitura teológica seja viabilizada com base nas realidades prementes do continente latino-americano. A partir de um profundo comprometimento com a alteridade, ou seja, o outro tem igual dignidade e valor intrínseco, e, por outro lado, nas pegadas do movimento ecumênico como base para a construção de uma teologia ecumênica das religiões, é possível reforçar as experiências religiosas que se constituem como aprofundamento dos processos de humanização, da democracia, da cidadania e da capacidade contra-hegemônica na defesa de direitos humanos (p. 348). A percepção quanto à pluralidade e seus desafios contribui quando na formulação teológica que trata das dimensões humanas no seu aspecto objetivo, concreto, o chão da vida, como também subjetivo, as identidades e utopias.

Uma vez lidando com o contexto religioso latino-americano, mais detidamente o brasileiro, com sua hibridização e pluralidade inerente, o *princípio pluralista* se dá em uma importante chave de leitura da realidade social, mas principalmente religiosa. Com isso, ainda que haja espaço para idiossincrasias e fundamentalismos marcado por intolerância, em muitos casos, criminosa, é plausível a percepção de que, a partir do *princípio pluralista*, a reflexão teológica e o diálogo inter-religioso estão para além dos enrijecimentos dogmáticos; antes, ultrapassam questões meramente doutrinárias, tecendo espaços de espiritualidade e presença pública, não tendo, necessariamente, relação com modelos eclesiásticos ou políticas denominacionais, mas sim em pessoas e comunidades religiosas iniciativas ecumênicas e dialogais (p. 461).

O livro que chega em nossas mãos está muito bem sistematizado, oferecendo assim uma importante contribuição para o tema da teologia das religiões e o diálogo inter-religioso. Estamos diante de um texto que procurou articular autores, temas, mas não abriu mão de observar a realidade da vida com suas mazelas, alegrias e prazeres.

# Teologias do plural: ênfases, métodos e perspectivas

Martín Santos Barcala

---

Versão ampliada da resenha publicada em *Estudos de Religião*, v. 36, n. 1, p. 289-292, 2022.

O teólogo e pastor metodista Claudio de Oliveira Ribeiro apresenta na obra *O princípio pluralista* (Loyola, 2020) uma descrição detalhada do percurso da reflexão teológica latino-americana e uma elaboração metodológica que, em permanente diálogo com essa mesma tradição, objetiva preservar seu legado para futuras gerações de pesquisadores e pesquisadoras. Simultaneamente, propõe aperfeiçoamentos e correções necessárias das ênfases, métodos e perspectivas que predominaram no que fazer teológico de seus autores e autoras. É interessante observar ainda que o autor fala de si ao discorrer sobre a teologia latino-americana e, por outro lado, ao apresentar aos leitores e leitoras os eventos da própria biografia, deixa transparecer as profundas influências que essa corrente teológica imprimiu em sua subjetividade. Portanto, é desse lugar de fala existencial, comprometido e leal à herança da Teologia da Libertação na América Latina que o autor se expressa, sem negar, contudo, as dimensões institucionais, dialógicas e críticas indispensáveis a uma releitura do passado que pretende ser, também, inauguração de perspectivas futuras.

Atuando na docência teológica como professor-visitante da Universidade Federal de Juiz de Fora (UFJF), Ribeiro tem longa trajetória marcada pelo envolvimento com as Comunidades Eclesiais de Base (CEBs), os movimentos ecumênicos e de diálogo-inter-religioso tanto no Brasil como no Conselho Mundial de Igrejas (CMI), o pastorado e a docência teológica no contexto da Igreja Metodista, bem como passagens pelos âmbitos diretivos e administrativos de instituições de ensino, além do cargo que ocupa atualmente na Coordenação de Aperfeiçoamento de Pessoal de Nível Superior (Capes). Essas credenciais o habilitam a elaborar uma avaliação da teologia latino-americana que conjuga relatos autobiográficos, teologia narrativa, competência teórica no tocante à Teologia da Libertação e cotejamento dessa tradição com diferentes referenciais de outros campos do saber. É o que se pode perceber em cada tópico do livro, cuja estrutura é cuidadosamente organizada, constituindo-se em um dos seus pontos fortes.

## Um alerta contra o dogmatismo

Ribeiro tem se dedicado nos últimos anos à formulação, apresentação e aplicação do que denominou *princípio pluralista*. Trata-se de uma proposta de releitura da tradição teológica latino-americana em chave plural, ou seja, no esforço de demonstrar e indicar a superação do discurso intensamente binário que caracterizou o método teológico da referida tradição.

A expressão *princípio pluralista* pode carregar um paradoxo que não deve ser desconsiderado por quem deseja se engajar no debate em torno de suas propostas. De um lado, como será analisado no tópico seguinte, o conceito de "princípio" remete a uma repetição regrada, uma lei; de outro, o termo "pluralista" indica diversidade, multiplicidade, e, se não descreve necessariamente uma anomia, pelo menos não permite que se acolha rapidamente a validade de uma lei exclusiva. Portanto, dependendo da ênfase que recai em um dos termos da expressão, o outro corre o risco de ser anulado.

Assim sendo, é importante que o debate jamais elimine do horizonte a tensão criada pela simples aproximação dessas duas palavras e que não tenha como principal objetivo a eliminação de tal tensão, fato que poderia avançar o paradoxo até uma contradição de termos, comprometendo significativamente a validade das aplicações de suas propostas. Em vez do equilíbrio ou da planificação dos sentidos conflitantes entre os dois termos, uma abordagem que mantenha tensionados seus elementos paradoxais parece ser mais adequada.

De acordo com Ribeiro, o *princípio pluralista* constitui-se num instrumento de análise tanto social quanto teológica de realidades sociais cada vez mais complexas e profundamente marcadas pela diversidade e pluralidade. Além disso, trata-se mais especificamente de um suplemento epistemológico ao método teológico latino-americano, consagrado pela Teologia da Libertação.

A necessidade de formular um *princípio pluralista* nasce da sensibilidade de Ribeiro diante de certo reducionismo metodológico presente especialmente nas expressões mais acadêmicas da Teologia da Libertação. Pode-se argumentar, porém, que não é possível conhecer, apreender, perceber a realidade sem reduzir os múltiplos fluxos e processos que a constituem. Não obstante, quando o reducionismo constituinte de qualquer epistemologia atinge níveis tão elevados a ponto de desvirtuar os próprios objetivos de determinado método, a sua crítica não é apenas justificável, mas necessária e essencial. Dito de outro modo, quando o reducionismo metodológico afeta decisivamente os propósitos de uma reflexão teológica que se pretende libertadora, desconsiderando elementos intrínsecos da realidade social e omitindo sua complexidade, o compromisso com a libertação exige a correção do método. Este parece ser o cerne da proposta de Ribeiro.

Para tanto, ele enumera três aspectos sobre os quais o *princípio pluralista* deve incidir prioritariamente no tocante à Teologia Latino-Americana da Libertação: 1) promover um "alargamento metodológico" da reflexão sobre a realidade social, que, nas palavras de Ribeiro, começa por "avaliar o peso dos esquemas reducionistas que utilizaram em demasia a bipolaridade 'dominantes versus dominados', devido à influência de certas formas de marxismos nas análises sociais, ocultando, por vezes, a complexidade social" (p. 22); 2) reconhecer a "emergência de novas subjetividades" na sociedade contemporânea, especialmente no que diz respeito às transformações que essas subjetividades operam nos modelos de espiritualidade institucionalmente configurados, transcendendo e transgredindo constantemente as fronteiras desses modelos. Ribeiro menciona até mesmo as críticas recorrentes direcionadas à Teologia da Libertação pelo fato de subestimar ou até desvalorizar completamente a potência da dimensão espiritual e mística tanto da tradição católica quanto protestante no processo de libertação social e autonomia dos sujeitos religiosos, privilegiando desequilibradamente a racionalidade; 3) assimilar a pluralidade cultural e religiosa constitutiva da realidade social latino-americana, com ênfase na importância que a corporeidade adquire nessas expressões culturais e práticas religiosas. De acordo com Ribeiro, "a teologia latino-americana priorizou o dado político para suas interpretações e nem sempre esteve devidamente atenta às diferenças culturais" (p. 22). É possível afirmar que esse último tópico sofre um reducionismo duplo, pois, além da exclusividade do dado político, a própria existência política é reduzida aos fatores socioeconômicos, negando ou minimizando "as demandas da vida que surgem com as dimensões e experiências do cotidiano e com os aspectos fundamentais da vida humana como a corporeidade e a sexualidade" (p. 22).

Abrangendo principalmente esses três aspectos, o *princípio pluralista* intenta ser uma "noção condutora" na aplicação dos mais variados métodos de análise sociológica ou antropológica da realidade, particularmente aqueles adotados pela reflexão teológica, tendo em vista uma relativização de suas premissas e o enriquecimento das perspectivas hermenêuticas abertas por eles. Nas palavras de Ribeiro:

> O *princípio pluralista* é um instrumento hermenêutico de mediação teológica e analítica da realidade sociocultural e religiosa que procura dar visibilidade a experiências, grupos e posicionamentos que são gerados nos "entre-lugares", bordas e fronteiras das culturas e das esferas de institucionalidades. Ele possibilita divergências e convergências novas, outros pontos de vista, perspectivas críticas e autocríticas para diálogo, empoderamento de grupos e de visões subalternas e formas de alteridade e de inclusão, considerados e explicitados os diferenciais de poder presentes na sociedade (p. 25).

É importante se atentar para os elementos éticos, teológicos e pastorais anunciados por Ribeiro em sua proposta de formulação do *princípio pluralista*. Mesmo que, curiosamente, o autor afirme que "a formulação do princípio pluralista não é uma indicação ética, moral ou 'catequética' do tipo 'devemos ser pluralistas'" (p. 26), as contribuições mais valiosas do *princípio pluralista* recaem exatamente sobre as dimensões éticas, teológicas e pastorais de uma atuação política inspirada nas diferentes experiências religiosas. Portanto, talvez seja mais adequado concluir que o *princípio pluralista* seja um alerta permanente contra o dogmatismo comum nas mais variadas formulações éticas, teológicas e pastorais que fundamentam a atuação de sujeitos religiosos na sociedade contemporânea.

## Bases teóricas do *princípio pluralista*

Com um prefácio de autoria do professor Faustino Teixeira, a obra está dividida em quatro partes, contando com treze capítulos dedicados aos tópicos enumerados com clareza pelo autor logo na introdução. Cada capítulo apresenta uma síntese do conteúdo analisado, o que facilita muito a pesquisa dos temas contidos na obra. A conclusão assume um tom poético e soa até como aplicação do *princípio pluralista* em relação ao rigorismo racionalista acadêmico, oferecendo aos leitores e leitoras uma lista de canções com as quais Ribeiro epigrafou cada capítulo da obra. O campo teórico ao qual pertencem as reflexões é bastante claro: a reflexão teológica latino-americana, com ênfase nos seus aspectos metodológicos e temáticos, bem como os desafios com os quais essa tradição teológica se depara num mundo cuja pluralidade sempre latente emergiu com força e irrevogavelmente nas últimas décadas, impondo ou – dito de modo mais positivo – promovendo o diálogo com diferentes tradições religiosas e as múltiplas subjetividades que carregam.

Com razão, pois, o professor Faustino Teixeira descreve, no prefácio da obra, a contribuição de Ribeiro em termos de enriquecimento da "reflexão da teologia pluralista das religiões" (p. 14) com novos eixos temáticos e referenciais teóricos. De acordo com Teixeira, a proposta de um "princípio pluralista", nos moldes concebidos pelo teólogo metodista, reforça a importante abertura ao diálogo percebida também no contexto da teologia católico-romana atual, representando "um bonito caminho que se abre, com um transfundo transdisciplinar, transcultural e transreligioso" (p. 15).

A avaliação de Teixeira faz jus aos objetivos do *princípio pluralista* anunciados por Ribeiro desde a introdução do livro. Discorrendo panoramicamente sobre cada um dos tópicos a serem abordados, Ribeiro apresenta aos leitores e leitoras uma introdução eficiente e esclarecedora das principais interfaces da reflexão teológica contida nesse texto. É também ali que se lê pela primeira vez a definição do próprio autor sobre o conceito.

A forja de tal instrumento demanda o recurso a referenciais teóricos distintos, dentre os quais Ribeiro privilegiou: 1) a vertente feminista e *queer* presente nos textos de teólogas latino-americanas como Ivone Gebara, Elsa Tamez e Marcella Althaus-Reid (1952-2009); 2) os estudos culturais, particularmente os conceitos de "entrelugar", "fronteira" e "polidoxia" conforme se encontram, respectivamente, nas obras do filósofo Homi Bhabha e da teóloga asiática Kwok Pui-Lan; e 3) o "giro decolonial" das epistemologias do Sul, principalmente como entendido por Boaventura de Sousa Santos, Walter Mignolo e Aníbal Quijano (1928-2018).

Os objetivos visados ou, para usar a expressão de Ribeiro, as "tarefas" assumidas pelo *princípio pluralista* na articulação dessas teorias são agrupadas em três conjuntos, evidentemente imbricados entre si: o "alargamento metodológico" da reflexão teológica latino-americana, que teria privilegiado o "dado político" em suas análises da sociedade, em detrimento da pluralidade religiosa, por exemplo (tema da segunda parte); o enfrentamento das "questões relativas à emergência das subjetividades na atualidade" contidas nas múltiplas tradições e pertenças religiosas das pessoas e que desafiariam o rigor racionalista das análises e produções científicas, tanto quanto o dogmatismo das teologias confessionais, constituindo-se igualmente no modo como os indivíduos ingressam em debates sobre a construção da paz, a luta pela afirmação de direitos e a prática da justiça (tema da terceira parte); e, por fim, "os encontros e desencontros da teologia com a pluralidade", especialmente como esta se expressa nos âmbitos da antropologia contemporânea e nas mais diversas nuances de corporeidade e sexualidade que ali se verificam.

Não há dúvida de que Ribeiro apresenta uma resenha histórica e bibliográfica competente da teologia latino-americana, assim como indica lacunas importantes a serem supridas com o *princípio pluralista*. Não obstante, permanecem abertas algumas brechas em sua proposta, que poderão ser investigadas futuramente, tais como uma definição mais precisa do que se pretende com o termo "pluralismo": trata-se de um fenômeno ou um caminho? Imposição da realidade ou escolha metodológica? Ou, para usar os termos do autor, "percepção" do plural nas análises teológicas ou "construção" da pluralidade por teologias marcadas pela experiência do plural (p. 28)? Que contribuições o *princípio pluralista* poderia receber das dinâmicas da religião popular, ausente nas discussões contidas na obra e igualmente ausente nos estudos contemporâneos sobre Teologia ou Ciências da Religião? Juntamente com o "hibridismo" observado por Ribeiro, o que o *princípio pluralista* teria a dizer sobre o fenômeno da xipofagia, que marca a cultura popular brasileira, conforme o sociólogo Gilberto Vasconcellos? Tais questões reafirmam a relevância de uma obra que, exatamente por não se pretender acabada, se anuncia aos teólogos e teólogas desta geração e das próximas como testemunho e vocação para o diálogo e a pluralidade que humanizam.

## A aplicabilidade do *princípio pluralista*

É importante indicar as contribuições do autor em questão em pelo menos duas direções. Primeiro, concernente ao trabalho revisionista do legado da Teologia da Libertação. As perspectivas abertas nesse sentido são muitas e bastante valiosas, pois permitem reparar injustiças históricas cometidas contra grupos subalternos cujas reivindicações foram desconsideradas pelo referido reducionismo metodológico, além de possibilitar correções de rumos na atualidade pela inclusão de novos grupos e outras reivindicações. Contudo, esse percurso já foi, em grande parte, realizado por Ribeiro nos textos em que as diversas aplicações do *princípio pluralista* são descritas, com destaque para a emergência de espiritualidades "ecológicas", "ecumênicas", "comunitárias" e "inclusivas".

Resta, no entanto, ainda outra direção para a qual o *princípio pluralista* pode contribuir grandemente. Trata-se da tarefa de elaborar uma reflexão teológica criativa no contexto latino-americano, conforme indica Ribeiro:

"Nosso desejo seria pensar teologicamente aspectos cruciais da vida humana e do cosmo, em uma linguagem nova, criativa, que pudesse fazer jus aos anseios e sonhos que alimentam milhares de pessoas no cotidiano" (p. 36). Provavelmente, o avanço nessa direção exija mais do que a revisão dos referenciais teóricos da teologia latino-americana tão caros à formulação do *princípio pluralista*, devendo aproximá-lo criticamente de outros autores e teorias. Ou, para dizer diferentemente, o amadurecimento de tal princípio requer a despedida reverente de suas matrizes e a assunção do risco de novas conjugalidades, sobretudo com uma ética de afirmação da diferença.

Dentre as expectativas apresentadas por Ribeiro em relação às aplicações do *princípio pluralista*, estão a elaboração de análises que "possibilitam melhor compreensão do outro" e a contribuição para "o processo de construção de referenciais teóricos mais precisos para as análises sociais [...] tendo em vista o aprimoramento de práticas sociais que visem ao fortalecimento democrático, à cidadania, à prática do diálogo e de alteridade, e à consolidação de direitos" (p. 41). A dimensão ética de tais expectativas é iminente e sua concretização está em profunda sintonia com os referenciais teóricos que as fundamentam, tais como Boaventura de Souza Santos e Homi Bhabha.

O apreço pelo conceito de "alteridade" e as críticas contundentes aos "saberes hegemônicos" que escamoteiam a complexidade social estão presentes no *princípio pluralista* desde sua formulação até às suas variadas aplicações.

# Um princípio para uma cultura de paz e uma espiritualidade inclusiva[1]

José Pascoal Mantovani

---

[1] Resenha publicada originalmente em *Paralellus*, v. 12, p. 325-328, 2021.

O livro *O princípio pluralista* (2020), de Claudio de Oliveira Ribeiro, busca articular a sua práxis pastoral e seu pensamento teológico. Destaca a idiossincrasia entre teoria e prática e o quanto esse encadeamento contribui para uma hermenêutica: (i) sensível às contingências contemporâneas; (ii) atenta às peculiaridades do lugar vivencial; (iii) não obsoleta quanto às problematizações emergentes; e (iv) essencialmente dialógica. Em suma, a tese dessa obra fundamenta-se na problematização da diversidade religiosa no Brasil e no mundo, bem como a "maior intensidade no debate sobre religião e democracia, especialmente os temas ligados à laicidade do Estado, mas também a ambiguidade de termos, ao mesmo tempo, situações conflitivas e busca de diálogo entre grupos religiosos distintos em diferentes áreas da vida social" (p. 13).

Notam-se três aspectos basilares que acompanham toda a obra. O primeiro se refere ao "alargamento metodológico e de atualização nas formas de compreensão da realidade, pressuposto sempre presente nas teologias de caráter social e político" (p. 15); o segundo está atrelado às questões relacionadas à emergência das subjetividades (as quais estão conectadas com a espiritualidade); e o terceiro diz respeito aos encontros e desencontros da teologia com a pluralidade, de modo que, para o autor, "a teologia latino-americana priorizou o dado político para suas interpretações e nem sempre esteve atenta às diferenças culturais, que, no caso de nosso continente, são fortemente híbridas e entrelaçadas com a diversidade das expressões religiosas" (p. 16). Nessa direção, algumas perguntas são fundamentais para a leitura e compreensão desse texto, pois apresentam os problemas que o autor perscrutou, sendo elas:

quais são as principais características dessa pluralidade? Como tal realidade, especialmente com as suas contradições, incide no quadro social e político, e vice-versa? Como elas interferem no fortalecimento de uma cultura democrática, no empoderamento de grupos subalternos e de práticas afins? Como podem conviver no mesmo tempo e espaço social práticas religiosas fechadas ao diálogo e outras que defendem a pluralidade e a aproximação entre grupos religiosos? Quais são as possibilidades para fortalecimento e valorização do pluralismo? (p. 18)

Para responder a essas questões, a obra é dividida em quatro partes que, ao mesmo tempo que compõem autonomia conceitual, constituem significativo mosaico temático. A primeira parte trata das bases teóricas e conceituais plurais, em que se articulam relatos autobiográficos da trajetória teológica/pastoral (escrito em primeira pessoa) com análises de autores e autoras que marcaram a Teologia Latino-Americana da Libertação (compostos em terceira pessoa), bem como críticas a esse movimento teológico. É nessa seção que Claudio Ribeiro delineia conceitos que balizaram sua proposição sobre o *princípio pluralista*, entre eles: a noção de identidades forjadas nas fronteiras; as lógicas de negação e de negociação; pluralismo religioso e teologia utópica; e a polidoxia, que está atrelada aos conceitos de multiplicidade, irrestringibilidade e relacionalidade das concepções religiosas.

A segunda parte do livro tem como título "Pluralidade metodológica" e traz em perspectiva a ideia de que o *princípio pluralista* "possibilita melhor compreensão da diversidade do quadro religioso e também das ações humanas" (p. 19); ou seja, não é questão de afirmação ou negação, mas de diálogo e constituição de saberes. Essa parte é dividida em três seções: (i) a difícil arte da revisão; (ii) a emergência das subjetividades e a busca de formas autênticas, plurais e libertadoras de espiritualidade; e (iii) a teologia latino-americana diante do pluralismo religioso. Em síntese, a proposta é apresentar a complexidade que marca os axiomas da contemporaneidade. Como ênfase, pode-se destacar o impacto da lógica do mercado, do neoliberalismo e das novas roupagens do capitalismo como vetores do processo de subjetivação. É destacado, também, o papel da transdisciplinaridade, da racionalidade e da produção simbólica na atualidade, bem como a importância das análises de gênero e a composição estética combinada à teologia.

Claudio Ribeiro indica que o desafio do *princípio pluralista* não é ser apenas aparelho descritivo ou nominativo da realidade; seu intento é, sobretudo, expor as inumeráveis formas de vivência, constituição e apropriação das subjetividades que potencializam a fomentação de uma espiritualidade autêntica, plural e libertadora. Para tanto, é fundamental ponderar e dar voz à contribuição da teologia feminista e as culturas afro-indígenas, movimentos que foram estereotipados, silenciados e lançados às margens pela estrutura patriarcal, pelo historicismo eurocêntrico e, também, pelo colonialismo dominante. A pluralidade metodológica que acompanha o *princípio pluralista* é, segundo o autor, transgressiva no que se refere às molduras dominantes, e criativa, no que tange à produção de sentidos e significados.

Na terceira parte do livro, intitulada "Pluralidade religiosa", o autor esteia sua proposição a partir da distinção conceitual entre pluralismo (que tem enfoque descritivo), pluralidade (que tem caráter valorativo) e diferença (que se finca na autonomia). A partir dessa distinção, ele organiza suas ideias em quatro seções, a saber: (i) o pluralismo religioso e o mundo em mudança; (ii) experiência religiosa na sociedade globalizada; (iii) a questão cristológica e o pluralismo religioso; e (iv) as religiões e os desafios da justiça, da paz e da sustentabilidade da vida. O destaque está no entrelaçamento dos temas: espaço fronteiriço da constituição de identidades (o entrelugares) e afirmação dos direitos humanos.

No que diz respeito a limiares, Ribeiro afirma que "a posição de fronteira permite maior visibilidade das estruturas de poder e de saber, o que pode ajudar na apreensão das subjetividades de povos subalternos" (p. 20). Em suma, estar em espaço fronteiriço é tirar identidades da invisibilidade e sensibilizar o sujeito às diversidades culturais e sociais. Para o autor, o entrelugares potencializa perspectivas policromáticas.

Já no que tange aos direitos humanos, na perspectiva do *princípio pluralista*, é necessária a consolidação de uma espiritualidade que não seja reducionista, mas que esteja atenta aos processos sociopolíticos decoloniais de aprofundamento democrático, crítica às formas de dominação e dinâmica quanto à lógica econômica imperialista. É importante destacar que, para Ribeiro, a ideia de Império "se funda pela identificação de um conglomerado de forças econômicas, políticas e simbólico-culturais provenientes do funcionamento do capitalismo financeiro tardio, que convergem, sem a consideração de fronteiras ou de limites, para um domínio total da sociedade exercido globalmente por elites [...]" (p. 29). Portanto, a lógica imperial está associada à manutenção e ao prolongamento de forças dominantes que são simultaneamente totalizantes e imperativas.

A quarta e última parte, "Pluralidade antropológica", tem como mote a necessidade de se forjar uma nova linguagem teológica, a qual faz da corporeidade o ponto de partida para o processo perceptivo, avaliativo e ativo. A intencionalidade é analisar o sujeito de modo holístico. Essa parte é organizada em três seções: (i) fé cristã e alteridade cristã; (ii) espiritualidade integral e ecológica; e (iii) *princípio pluralista*, corporeidade e o lúdico. A interpretação dessas seções está interligada à ideia de que o conceito de relatividade não está associado ao pressuposto de esvaziamento de sentido ou desidratação da responsabilidade do testemunho da fé; em vez disso, a noção relativista está ligada à gratuidade e ao compromisso social.

Para o autor, só se pensa no *princípio pluralista* em conexão aos conceitos de alteridade, ecumenismo e polidoxia; ou seja, essa equação possibilita a ideia de que não há espírito dualista ou maniqueísta que estabelece certo ou errado, verdade ou heresia, ortodoxia ou heterodoxia etc. No *princípio pluralista*, segundo Ribeiro, o que há é "o respeito à diferença e o diálogo e cooperação prática e ética em torno da busca da justiça em relação a grupos empobrecidos e subjugados pelas mais diferentes formas de dominação e pela busca do bem comum" (p. 27). Portanto, esse princípio possui uma antropologia aberta, em que fica perceptível a construção identitária sem desprezar a dimensão comunitária que vivencia a espiritualidade.

A obra de Ribeiro tem como diferencial o aprofundamento do conceito do pluralismo religioso que, não poucas vezes, é limitado por esquemas oriundos do relativismo, exclusivismo ou inclusivismo. Em seu trabalho, o autor destaca o quanto a dimensão dialógica da fé é instrumental valioso para a desconstrução de preconceitos e construção de conceitos; ou seja, o *princípio pluralista*, por seguir um viés transgressivo de molduras dominantes, dilata os horizontes utópicos, de modo que as diferenças são postas como identidades completas e autônomas, sem precisar de caricaturas normativas e exemplares para a construção e afirmação de si.

O livro *O princípio pluralista* deixa claras tanto a tese como as hipóteses do autor. É um texto claro e compreensível, mesmo com a exigência de conhecimentos prévios sobre alguns conceitos básicos, tanto do diálogo inter-religioso como da Teologia Latino-Americana da Libertação. Trata-se de um compêndio extensivo e valioso para pesquisadoras e pesquisadores da área da Teologia e das Ciências da Religião, bem como das Ciências Humanas, que buscam compreender a pluralidade como: condutora para a construção identitária; chave hermenêutica para leitura do processo de subjetivação; e ferramenta que auxilie no processo de ver, julgar e agir diante das atuais contingências.

A obra de Claudio Ribeiro sobre *o princípio pluralista* está ligada a outros livros do autor, como *Pluralismo e libertação* (2014) e *Interpretação teológica do pluralismo religioso* (2016), os quais transitam no mesmo campo semântico. Desse modo, percebe-se que ela carrega como tema objeto de pesquisa há muito perseguido, bem como se revela como síntese de pesquisas que vivenciaram processo contínuo de revisão e reformulação teórica e prática.

Por fim, as perguntas suscitadas no início da obra são devidamente respondidas, ao passo que o autor evidencia as principais características do que ele concebe por pluralidade; apresenta e problematiza o quadro social e político de modo coerente e com fundamentação bibliográfica significativa; destaca o papel da pluralidade como mecanismo para a manutenção e fortalecimento da cultura democrática e a valorização de grupos historicamente marginalizados e segregados; enfatiza o quanto a dimensão dialógica é potente para criar cultura de paz e que afirme os direitos humanos; e que a noção da diferença pode ser valiosa para o enrijecimento e reconhecimento da pluralidade como princípio de cultura de paz e espiritualidade inclusiva.

## Referências

RIBEIRO, Claudio de Oliveira. *Pluralismo e libertação*. São Paulo: Paulinas, 2014.

_____. *Interpretação teológica do pluralismo religioso*. São Paulo: Reflexão, 2016.

_____. *O princípio pluralista*. São Paulo: Loyola, 2020.

# O princípio pluralista e o giro decolonial[1]

Ana Ester Pádua Freire

---

[1] Resenha publicada originalmente em *Interações*, v. 16, n. 2, p. 426-429, jul./dez. 2021.

O *princípio pluralista*, tal como proposto por Claudio Ribeiro, pode ser compreendido como um giro. Um giro decolonial metodológico, religioso e antropológico. Segundo diferentes autores e autoras, "giro decolonial" é um termo cunhado no contexto das discussões sobre modernidade e colonialidade como sendo um movimento de resistência à lógica colonial. Há uma intenção aberta em decolonizar o poder, o saber e o ser por meio não somente do reconhecimento das estratégias de controle da colonialidade, mas também por meio da proposta de saídas, de escapes desse regime colonial de regulação da vida, dos corpos e dos afetos.

Um giro tem a capacidade de transitar em diferentes lugares, por isso pretende-se apresentar nesta resenha a obra a partir de suas contribuições para uma discussão sobre dissidências sexuais e de gênero. Uma definição que nos interessa mais de perto é que o *princípio pluralista* "se constitui em instrumento de avaliação da realidade social e cultural, sobretudo para melhor compreensão das diferenças, religiosas ou não, que se forjam nos entrelugares das culturas" (p. 30). O que a citação nos apresenta é o *princípio pluralista* como sendo uma perspectiva de análise da realidade que parte do reconhecimento das diferenças. Nesse sentido, seria possível compará-lo a uma lente de óculos que permite que o mundo e toda a sua complexidade seja visto de maneira diferente. A ideia de "olhar", de "*mirada*", é muito típica da proposta hermenêutica da teologia latino-americana, à qual Ribeiro de alguma forma se afilia.

As lentes da libertação, do feminismo, da raça, de classe são algumas das hermenêuticas possíveis da teologia latino-americana. Entretanto, o *princípio pluralista* parece ser, em primeiro lugar, uma lente anterior a todas essas, ou seja, que permite todas essas possibilidades interpretativas; e, em segundo lugar, uma lente posterior a todas essas, ou seja, que requer que as perspectivas hermenêuticas, ainda que se pretendam libertárias, se abram para o novo, percebendo no pluralismo a lente para uma vida em constante transformação.

Segundo Ribeiro, a perspectiva pluralista das religiões evoca questões no contexto teológico latino-americano, "especialmente pela sua vocação libertadora e pelos desafios que advêm de sua composição cultural fortemente marcada por diferenças religiosas que se interpenetram nas mais diferentes formas" (p. 21). Com base nessa afirmação, talvez seja possível sugerir que, mais do que uma lente anterior ou posterior, o *princípio pluralista* é um caleidoscópio, uma lente repleta de variadas cores e formas que nos abre ao inesperado que nos é exposto pelas diferenças.

Muito nos interessa perceber como o *princípio pluralista* não se advoga totalizador, universalista ou essencialista; pelo contrário, percebe suas limitações e seus desafios diante da complexidade da realidade. Segundo Ribeiro, o *princípio pluralista* tem pelo menos três desafios em sua aplicação referentes ao método, ao quadro religioso e às questões de natureza antropológica. De acordo com autor, "o primeiro deles é a tarefa de alargamento metodológico e de atualização nas formas de compreensão da realidade, pressuposto sempre presente nas teologias de caráter social e político" (p. 22). Já o segundo "está em torno das questões relativas à emergência das subjetividades na atualidade" (p. 22). Por fim, "um terceiro desafio reside em torno dos encontros e desencontros da teologia com a pluralidade" (p. 22).

Em alguma medida, em se tratando de dissidências sexuais e de gênero, os três desafios atravessam o debate. O metodológico, porque prevê não somente um "alargamento metodológico", mas uma erotização metodológica; o religioso, porque a presença não mais velada de dissidentes sexuais e de gênero nas religiões tem reconfigurado as próprias experiências espirituais; e, finalmente, o antropológico, pois, afinal, sabemos que muitas pessoas são deixadas de fora dessa categoria, principalmente quando ela se encontra com a teologia. Um exemplo disso seria uma antropologia não somente dos corpos transgêneros, mas produzida por esses "corpos/as/es".

E é justamente em direção à corporeidade e à sexualidade que caminha o debate do *princípio pluralista* quando propõe suas possíveis aplicações. Segundo Ribeiro, são aplicações do *princípio pluralista*: o pluralismo religioso, a teologia ecumênica das religiões, os estudos da religião no Brasil, a espiritualidade integral e ecológica, a corporeidade e sexualidade, as dimensões do lúdico e da festividade. Em relação à corporeidade e à sexualidade, afirma o autor que "no caso da aplicação do *princípio pluralista* para a análise teológica de questões de fundo antropológico, reconhecemos que temos no presente momento apenas uma limitada contribuição no campo da pesquisa" (p. 36).

Existem alguns conceitos fundamentais para o *princípio pluralista* que podem colaborar em um debate sobre as questões referentes às dissidências sexuais e de gênero, nosso foco de pesquisa e atuação. Mas, aqui optamos em realçar o conceito de entrelugares. Segundo Ribeiro, o *princípio pluralista* lança mão do conceito de entrelugar de Homi Bhabha, como trabalho fronteiriço da cultura, no qual as identidades culturais são forjadas. O autor explica que "o conceito entrelugar está relacionado à visão e ao modo como grupos subalternos se posicionam frente ao poder e como realizam estratégias de empoderamento" (p. 26).

Para nós, esse conceito nos soa familiar como um lugar não somente pelo qual transitamos, mas que acolhemos como morada. Afinal, o que a princípio nos parecia um local de destinação e imposição dos regimes de regramento que nos consideram abjetos se tornou um local de escolha – escolhemos os entrelugares em rejeição ao centro hegemônico e tradicional. Percebemos, então, que o *princípio pluralista* tem uma potência desempoderadora dos regimes de poder ao se propor ser um princípio que abraça o pluralismo antropológico como esse potente lugar fronteiriço de encontros e transformações. É a partir desse lugar criativo e curativo, que são as fronteiras que habitamos, que se pode apresentar cartografias das relações de algumas religiões brasileiras com as pessoas dissidentes sexuais e de gênero. Afinal, como explica Ribeiro, é aí que está a importância "[...] de interpretações conjuntivas da cultura, que reúnam e articulem as contradições presentes na globalidade, mas, sobretudo, que não desconsiderem as particularidades, as singularidades e a concretude das vivências" (p. 440).

Segundo Ribeiro, "de nossa parte, enfatizamos que o *princípio pluralista* possui uma antropologia aberta, marcada por identidades em construção" (p. 36). E é justamente por tratarmos de identidades em (des)construção que sabemos que a temática abordada por essa obra estará sempre em transformação. Além disso, destacamos que tratamos de temáticas pouco abordadas nas perspectivas pluralistas religiosas.

Ainda que a teologia tenha explorado pouco o assunto, sabemos que há uma produção teológica latente nas experiências religiosas a partir de entrelugares do cotidiano. Essa produção está para além da academia e dos tratados teológicos, mas está nas dinâmicas do cotidiano que atravessam o *corpus* teológico, permitindo que a vida dinamize as relações com o Sagrado.

# Analisar criticamente, pensar teologicamente: uma apresentação do *princípio pluralista*[1]

Jefferson Zeferino

---

[1] Resenha publicada originalmente na Revista *Caminhos de Diálogo*, v. 10, n. 16, p. 145-148, 2022.

A obra de Claudio de Oliveira Ribeiro intitulada *O princípio pluralista*, publicada por Edições Loyola, reúne os resultados das pesquisas desse autor no âmbito da teologia do pluralismo religioso. Composta por treze capítulos, além da introdução e das palavras finais, está organizada em quatro partes: 1) Bases teóricas e conceituais plurais; 2) Pluralidade metodológica; 3) Pluralidade religiosa; e 4) Pluralidade antropológica.

A introdução apresenta a discussão do *princípio pluralista* em sua relação com as partes que são desenvolvidas no decorrer do livro. A primeira parte, por sua vez, aponta para caminhos plurais de tal modo que evidencia a relação da teologia com a experiência humana, a conexão com a pastoral, a interlocução entre o legado crítico da teologia latino-americana e a teologia europeia, em especial no que tange à interpretação teológica do pluralismo religioso.

A segunda parte, do ponto de vista metodológico, incorpora discussões que conduzem para a necessária interdisciplinaridade do fazer teológico, bem como de uma visão atenta às subjetividades em sua diversidade e dos lugares teológicos que emergem, sobretudo, da teologia feminista e das culturas religiosas afro-indígenas.

Na terceira parte, evidenciam-se as discussões sobre as religiões, desde o debate acerca do fenômeno religioso, da questão da globalização, da diversidade religiosa, do problema dos fundamentalismos, bem como o debate cristológico e o desafio da construção da paz, da justiça e da sustentabilidade.

Finalmente, a quarta parte versa a respeito do conceito de alteridade ecumênica, discorre acerca da perspectiva de uma espiritualidade integral e pensa a contribuição de uma teologia ecofeminista, além de destacar o aspecto da corporeidade relacionada com uma dimensão lúdica da existência.

Apresentado o texto em linhas gerais, passamos agora a mostrar alguns dos principais argumentos desenvolvidos pelo autor. Para Claudio Ribeiro, o *princípio pluralista* tem uma dupla função – analítica e hermenêutica. É analítica, pois busca compreender a diversidade da presença religiosa no mundo, como as religiões se relacionam, sua incidência pública, bem como as implicações de suas teologias. Em sua dimensão hermenêutica, o *princípio pluralista* é propositivo, pois pensa teologicamente o contexto religioso estudado. Segundo o autor, uma teologia pautada pelo *princípio pluralista* possui três tarefas: 1) aprofundar o debate metodológico, sobretudo em diálogo com as teorias da complexidade; 2) assumir a questão da alteridade, reconhecendo novas subjetividades; e 3) prestar atenção às distintas pluralidades que compõem a complexa realidade da vida em diferentes níveis (teológico, cultural, político, demográfico, metodológico etc.).

Ao assumir a virada antropológica da teologia, o *princípio pluralista* se coloca dentro de um solo compartilhado com outros saberes, estando apto para uma conversa interdisciplinar sobretudo no contexto das ciências humanas e dos estudos de religião. Em sua abordagem da situação religiosa na contemporaneidade, faz uso de distintos campos de investigação como os estudos culturais, decoloniais, feministas e das epistemologias do sul.

Em sua formulação teológica, como modo de crítica aos modelos teológicos exclusivistas, assume a noção de polidoxia, percebendo um quadro religioso variado e buscando evitar reducionismos que descomplexificam o debate. A polidoxia é caracterizada por uma humildade intelectual que reconhece a pluralidade das experiências e saberes, evitando unilateralismos e interpretações dicotômicas e maniqueístas, algo que se vê na base de teologias que buscam simplificar a realidade a partir de uma lógica de luta entre bem e mal. A polidoxia, auxilia o *princípio pluralista* na percepção de novos lugares teológicos, por vezes marginalizados e comumente desconsiderados por modelos teológicos que se imaginam autossuficientes. O polo analítico do *princípio pluralista*, portanto, busca compreender o modo como distintos discursos teológicos se organizam. No polo hermenêutico, contudo, evita-se uma formulação de base apologética, sectária e exclusivista.

O *princípio pluralista* valoriza as imagens das zonas fronteiriças e dos entrelugares, designando que nesses espaços se torna possível enxergar melhor o outro e a si mesmo; na fronteira olha-se para o que está diante de si, do outro lado, e olha-se para trás, recordando de onde se veio. Favorece-se o distanciamento crítico em relação a uma tradição, bem como a possibilidade de abertura e acolhida das alteridades. Daí que, inspirado em Homi Bhabha, o *princípio pluralista* compreende a fronteira como lugar de irrupção do novo, de negociações, traduções, hibridismos e de interação entre presente e passado. Essas novas temporalidades e espacialidades, por sua vez, podem gestar ressignificações e práticas transformadoras.

Assim, mesmo que não percebido por quem está dentro do fenômeno, aquilo que se imagina como imutável, estanque, puro, impenetrável é contextual e está em movimento. Na busca por melhor compreensão dessas incompletudes e no diálogo entre culturas é que se desenvolve uma hermenêutica diatópica. A tarefa teórica está na decolonização do poder, do ser e do saber, o que requer a construção de novas categorias e a desmitificação da pretensão de universalidade de epistemologias dominantes. Nota-se aqui um diálogo com autores como Boaventura de Sousa Santos, Walter Mignolo e Aníbal Quijano.

Há, na abordagem de Ribeiro, uma atenção especial à questão da economia e da sociedade de consumo, compreendendo que as religiões não existem em um vácuo, alheias ao mundo concreto; muito pelo contrário, elas não somente se desenvolvem em relação profunda com a cultura e a sociedade, como as influenciam. Diante disso, uma perspectiva crítica e contra-hegemônica, como aquela proposta pelos estudos culturais e decoloniais, pode auxiliar na formulação de uma resposta teológica atenta às multiplicidades das interações humanas. Pressupõe-se uma disposição em compreender as implicações de modelos econômicos, culturais, científicos, comportamentais, religiosos na vida humana, acompanhada do estudo das lutas de grupos subalternizados. Urge, assim, um método que evite simplificações, e, para tanto, se recorre ao pensamento complexo que ilumina a percepção da embaraçada trama que entretece o social.

A questão do reconhecimento, para Ribeiro, se percebe no nível teórico, aquilo que foi apresentado no contexto da polidoxia e de um método que assuma a questão da complexidade, e na dimensão intersubjetiva. Existe-se no reconhecimento das alteridades que formam o próprio humano. A perspectiva de uma alteridade ecumênica, concebendo o desafio de uma casa comum e plural, vocaciona ao diálogo e à unidade, fugindo da tentação hegemônica. Valorizam-se a diversidade religiosa e a promoção de uma espiritualidade marcada pelo amor e pela gratuidade como reação aos fundamentalismos e absolutismos.

O encontro com o outro permite a revisão de si mesmo, repensando práticas e certezas. Nesse sentido, a noção de relacionalidade inspira uma espiritualidade integral e ecológica que valoriza a corporeidade e busca novas imagens menos androcêntricas e autoritárias de Deus. Assim como a teopoética e as teologias narrativas, o *princípio pluralista*, ao dar valor à dimensão sensível e afetiva do humano, pode auxiliar a traduzir a questão de Deus em linguagens outras, valorizando o lúdico e sua capacidade de promover uma releitura da realidade. Ademais, no campo das relações entre as religiões, alude-se, assim, a uma tarefa ética do diálogo inter-religioso na promoção da justiça e da paz por meio de intervenções comunitárias políticas e proféticas já agora.

Portanto, o *princípio pluralista* se caracteriza como uma proposta de organização da presença da teologia no contexto acadêmico que, conjugando análise crítica da realidade e resposta teológica a ela, atualiza uma criteriologia latino-americana de engajamento com a libertação de grupos e pessoas subalternizadas, empobrecidas, vitimadas, invisibilizadas. Constitui-se, assim, num empreendimento acadêmico capaz de lidar com controvérsias e contradições, buscando minimizar reducionismos e unilateralismos. Em sua dinâmica, se assemelha a propostas metodológicas elaboradas no campo da teologia pública que também se ocupam da dupla tarefa: crítico-analítica e crítico-propositiva. Essas aproximações testemunham a preocupação atual de se pensar o papel e o lugar da teologia no contexto acadêmico como uma teologia crítica, sobretudo na relação com as ciências humanas e com os estudos da religião, sem perder de vista a necessária reflexão criativa da vida humana pensada teologicamente.

# O *princípio pluralista*: um instrumento de análise para os estudos da religião[1]

Ernani Francisco dos Santos Neto

---

[1] Resenha publicada originalmente em *Estudos de Religião*, v. 36, n. 3, p. 215-220, 2022.

Os meus primeiros contatos com as concepções teóricas de Claudio de Oliveira Ribeiro ocorreram em meio a pesquisas que, em parte, contemplam o fenômeno do pluralismo religioso. Ao se debruçar sobre tal temática, é impossível não se deparar, em dado momento, com as contribuições desse autor. Claudio Ribeiro é professor, teólogo e cientista da religião, e sua trajetória na grande área de estudos da religião, sobretudo no campo teológico, já é bem conhecida e, acertadamente, reconhecida. A elaboração da "*sua menina dos olhos*" – me permitam o trocadilho – é resultado de duas décadas de pesquisas sobre temas ecumênicos em chave teológica latino-americana e de análises da realidade plural religiosa que marca o tempo atual.

Em *O princípio pluralista*, Ribeiro realiza uma análise crítica da metodologia teológica latino-americana, buscando contribuir com o aprimoramento dela e com a indicação de respostas mais adequadas e consistentes ao quadro crescente de complexidade da realidade social. Para ele, "este cenário é emoldurado pelos fatores econômicos e marcado por uma emergência de subjetividades, além de ser também moldado por um quadro de pluralismo cada vez mais intenso nas sociedades e culturas" (p. 17). Para esse esforço crítico, propõe o instrumento de análise, tanto social quanto teológica. Nessa obra, Ribeiro defende a concepção de um *princípio pluralista* para os estudos da religião, o qual é visto como um instrumento de análise da realidade, que ajudaria a compreender a complexidade social, sobretudo a religiosa, em dada sociedade.

O livro é dividido em quatro partes. Na primeira, o autor aborda as bases plurais e conceitos plurais, listando casos e comentando obras que revelam sua formação e trajetória teológica, objetivando oferecer reflexões críticas sobre o contexto teológico. Na segunda, versa sobre a pluralidade metodológica, dando atenção a três desafios: o enfrentamento da complexidade social; a emergência das subjetividades; e a busca de formas autênticas, plurais e libertadoras de espiritualidade. Na terceira, foca a pluralidade religiosa, com especificidade para o pluralismo religioso, apresentando um panorama do quadro religioso contemporâneo ao passo que realiza uma leitura conjuntural do contexto sociocultural mundial e brasileiro. Na quarta e última parte, o autor problematiza a pluralidade antropológica, propondo reflexões que enriquecem as discussões atuais sobre o pluralismo religioso.

Na formulação do *princípio pluralista*, Claudio Ribeiro fundamenta-se nas ideias de vários autores. No campo das ciências humanas, dialoga com Homi Bhabha (a concepção de entrelugar e de fronteiras), com Boaventura de Souza Santos (as sociologias das ausências e das emergências) e com Walter Mignolo (as críticas às formas de colonialidade, de poder, de saber e de ser, próprias dos estudos culturais decoloniais). Já no campo teológico, o autor interage com Kwok Pui-Lan (a noção de polidoxia), com Ivone Gebara (a visão crítica da teologia feminista) e com Marcella Althaus-Reid (a crítica feminista e *queer* à Teologia da Libertação), entre outros teólogos pluralistas.

O autor explica que a lógica pluralista está presente em vários autores, mas a expressão, ou melhor, seu método, tem caráter inédito. Ele comenta que a expressão pode remeter ao "pluralismo de princípio", conforme indicaram Claude Geffré e Jaques Dupuis, que o entendem como uma plataforma teológica que reconhece e valoriza a realidade do pluralismo religioso como vontades e automanifestações divinas. Para ele, o *princípio pluralista* contempla essa perspectiva ecumênica, valorativa do diálogo e das aproximações inter-religiosas, sendo mais amplo, considerando-se que este também constitui um instrumento de avaliação da realidade social e cultural. Segundo o autor, esse princípio viria a contribuir com algo novo, para além da descrição dos fatos. A esse propósito, destaca:

> O *princípio pluralista* se constitui em um referencial de análise facilitador de melhor compreensão do complexo e variado quadro religioso, que pode também ser utilizado como noção condutora de reflexões sobre o pluralismo metodológico e antropológico, tanto em termos do caráter descritivo e sociológico das ciências da religião, quanto em termos da dimensão hermenêutica da teologia (p. 8).

De acordo com o autor, o *princípio pluralista* pode ser definido como:

> [...] um instrumento hermenêutico de mediação teológica e analítica da realidade sociocultural e religiosa que procura dar visibilidade a experiências, grupos e posicionamentos que são gerados nos "entrelugares", bordas e fronteiras das culturas e das esferas de institucionalidades (p. 25).

Ribeiro ressalta que a formulação desse princípio se deu em variados ambientes acadêmicos em que esteve inserido, contudo encontrou força no Grupo de Trabalho: "Espiritualidades contemporâneas, pluralidade religiosa e diálogo", da ANPTECRE/SOTER, liderado por ele e pelos professores Gilbráz Aragão (UNICAP) e Roberlei Panasiewicz (PUC-Minas). O conceito surge da inquietação do teólogo em tratar temas quanto à complexidade, à subjetividade e à pluralidade. O autor sublinha que o princípio nasce das preocupações com três situações enfrentadas nas últimas décadas pela teologia latino-americana e pelos estudos de religião no Brasil. Trata-se, portanto, da dificuldade de lidar com: (i) a complexidade da realidade social, incluindo a dos fenômenos religiosos; (ii) a emergência das subjetividades que marcam o nosso tempo; e (iii) o quadro de pluralidade em suas várias dimensões. Segundo o autor, esse princípio procura responder a tais demandas.

Claudio Ribeiro busca articular a práxis pastoral e o pensamento teológico, e seu objetivo é apresentar a complexidade que marca os axiomas da contemporaneidade. Ele destaca o impacto da lógica do mercado, do neoliberalismo e das novas roupagens do capitalismo como vetores do processo de subjetivação, e cita ainda o papel da transdisciplinaridade, da racionalidade e da produção simbólica na atualidade, bem como a importância das análises de gênero e a composição estética combinadas à teologia.

Ao tratar do princípio e de sua aplicabilidade no campo religioso brasileiro, Ribeiro nos convida a dar atenção às tarefas decoloniais relacionadas a esse princípio. Ele assegura que sua aplicação requer uma articulação teórica metodológica de concepções fundamentais para uma hermenêutica do quadro religioso brasileiro. O autor destaca: (i) a concepção de entrelugar e de fronteiras (cf. Homi Bhabha); (ii) as tensões entre as sociologias das ausências e das emergências (cf. Boaventura de Souza Santos); (iii) as críticas às formas de colonialidade, de poder, de saber e de ser, próprias dos estudos culturais decoloniais (cf. Walter Mignolo); (iv) as visões de alteridade e ecumenicidade; e

(v) a noção de polidoxia; para gerar bases de aplicação do *princípio pluralista* que apontem para melhor compreensão da pluralidade religiosa e antropológica.

Além das concepções destacadas acima, ele demonstra que o *princípio pluralista* é formulado a partir das lógicas ecumênicas e de alteridade realçadas pelas teologias pluralistas. O princípio contempla também algumas tarefas decoloniais: (i) a crítica à visão de um pensamento único; (ii) a revisão da perspectiva de "centrocentrismos"; (iii) o questionamento da visão de universalismo das ciências e da ética; (iv) a análise crítica da supremacia da racionalidade formal técnico-científica moderna e uma avaliação criteriosa da forma meramente conceitual da produção do conhecimento; (v) a revisão da noção de indivíduo desprovida da interação constituinte do humano com a comunidade, a história, a natureza e o cosmo; e (vi) o exame da ideologia das identidades rígidas e fixas (p. 27).

O *princípio pluralista* tem um fim em si, a saber, dar visibilidade a grupos subalternizados e invisibilizados. Ele mira as tangências, os lados, não foca fundamentalmente as instituições; atenta-se, portanto, às fronteiras, aos entre-lugares, abarcando assim outras culturas. Todavia, não se restringe apenas a esse objetivo, conforme esclarece seu formulador:

> O *princípio pluralista* possibilita divergências e convergências novas, outros pontos de vistas, perspectivas críticas e autocríticas para diálogo, empoderamento de grupos e de visões subalternas e formas de alteridade e de inclusão, considerados e explicitados os diferenciais de poder presentes na sociedade, como os estudos culturais decoloniais enfatizam (p. 25).

No contexto brasileiro, em termos do campo cristão, Ribeiro mostra em sua obra que por meio do *princípio pluralista* pode-se dar visibilidade a uma variedade de grupos. Como exemplo, cita: pentecostais e batistas que atuam em áreas periféricas, favelas, ocupações rurais e urbanas; comunidades evangélicas inclusivas que unem pessoas homoafetivas na dinâmica eclesial incluído o ministério pastoral; grupos de juventude que transitam por diferentes expressões religiosas cristãs e não cristãs; fóruns inter-religiosos; grupo de mulheres católicas e evangélicas que vivem situações complexas em relação ao corpo, à sexualidade e à liberdade; lideranças negras que discutem a inculturação da fé; articulação com grupos em torno dos direitos humanos econômicos, sociais, culturais e ambientais; e círculos e espaços teológicos autônomos.

Pensar o pluralismo não é tarefa fácil, ainda mais em se tratando de Brasil. Ao estudar o campo religioso brasileiro, temos que considerar a complexidade e diversidade crescente e interna desse campo, sempre com a interação de elementos econômicos, sociais, culturais internos e externos aos grupos. Contudo, vislumbram-se propostas de análises como a do *princípio pluralista*.

Faustino Teixeira, no prefácio do livro, chama a atenção para o modo como Claudio Ribeiro nos convoca a situar a questão dentro de um campo mais amplo que envolva uma perspectiva "policromática", sinalizando para uma visão pluralista, ecumênica e também sintonizada com as exigências da alteridade. O autor comenta que "é um caminho que se abre, com um transfundo, transdisciplinar, transcultural e transreligioso" (p. 15). O *princípio pluralista* traz consigo a ideia de que "cada expressão religiosa tem sua proposta salvífica de fé, que deve ser aceita, respeitada, valorizada e aprimorada com base no diálogo e aproximações mútuas" (p. 34).

Verifica-se que o *princípio pluralista* ainda está em construção. Isso pode ser corroborado no desenvolvimento de sua obra. Desde sua primeira menção até os dias atuais, observa-se uma constante produção, haja vista a significativa bibliografia que lhe constitui: artigos, relatórios, dossiês, livros e produções diversas que sustentam tais ideias. A dinâmica de produção literária não se restringe apenas ao autor, e, devido à sua aceitação no âmbito acadêmico, o *princípio pluralista* como perspectiva teórica e instrumento de leitura da realidade social religiosa vai se reforçando e sendo complementado a partir de outras pesquisas. Vários estudiosos têm discorrido sobre esse instrumento, assim como sua aplicabilidade; consequentemente, ele ganha destaque e é hoje, numa época pluralista, o mais novo instrumento teológico de análise para os estudos da religião.

*O princípio pluralista:*
entrelugar, decolonialidade
e transdisciplinaridade

Giovanna Sarto

O *princípio pluralista* é uma ferramenta de investigação do fenômeno religioso na América Latina que parte do reconhecimento das diferenças para questionar concepções totalizantes e generalistas sobre as complexidades que envolvem tal fenômeno. Elaborado por Claudio Ribeiro, é fruto de ao menos vinte anos de pesquisa e esforços ligados à promoção e valorização do ecumenismo, da alteridade e do diálogo inter-religioso ou interfé[1], situando-se em um lugar de transição e contradição – um lugar fronteiriço da cultura, um entrelugar.

## Principais bases conceituais

As bases teóricas desse princípio estão sistematizadas na obra *O princípio pluralista* (Loyola, 2020) e podem ser agrupadas em três categorias-chave: 1) entrelugar; 2) decolonialidade; e 3) transdisciplinaridade. A primeira delas, a noção de entrelugar, diz respeito às "bordas e fronteiras das culturas e das esferas de institucionalidades" (p. 25) e tem por referência o livro *O local da cultura*, de Homi Bhabha (2001). É uma categoria que está relacionada à forma com que grupos subalternos reconhecem estruturas

---

[1] O termo "diálogo interfé" aparece no *princípio pluralista* como referência tomada das provocações da teóloga feminista Kwok Pui-Lan. Trata-se de um termo que configura um espaço epistemológico e ontológico mais aberto, marcado, não pela estratificação do dogma ou pela rigidez da doutrina eclesiástica, mas pelas experiências particulares de cada indivíduo – o que reconhece e questiona, por exemplo, as dimensões sociais, culturais, políticas, econômicas e as relações de poder e saber dentro dos espaços de diálogo entre diferentes modalidades de crença (RIBEIRO, 2020).

de poder e de saber e como traçam estratégias de enfrentamento ao *status quo* que implicam uma atitude crítica a visões de pensamento único e a noções generalistas e simplificadoras da realidade social. É base da constituição do *princípio pluralista*, sobretudo porque este visa decolonizar a forma como se tem olhado para o fenômeno religioso na América Latina.

Nesse sentido, a decolonialidade é também uma categoria importante e que, no *princípio pluralista*, aparece na identificação e denúncia das relações de poder e saber impostas pela ideologia colonial, inclusive no âmbito religioso. Ela implica uma posição de *radicalidade* crítica, que tem a ver com uma revisão dos efeitos causados pelas raízes coloniais emaranhadas na formação histórica e cultural de nosso território. Nos estudos de religião, uma perspectiva decolonial é aquela que identifica e desestabiliza modelos coloniais e autoritários. Esses modelos têm feito manutenção e dado suporte a múltiplas estruturas da vida religiosa em conformidade com os poderes dominantes, sem levar em conta, por exemplo, a diversidade religiosa, sexual e social de nossa sociedade.

A crítica ao modelo colonial de pensamento único leva também à necessidade de revisão dele, o que, por sua vez, conduz ao questionamento da própria visão de universalismo das ciências e da ética: a quem elas têm servido? E por quê? Tais questionamentos requerem um alargamento de nossas bases teóricas, dessa vez a partir de uma valorização das "distintas expressões culturais ou religiosas, majoritárias ou minoritárias, fronteiriças ou não", o que contribui para "uma sociologia das emergências, de novos rostos, variados perfis religiosos, multiplicidades de olhares, perspectivas e formas plurais de atuação" (p. 26).

Finalmente, essa sensibilidade "policromática" impõe uma atitude transdisciplinar. Ideia que bebe das bases de Edgar Morin, a transdisciplinaridade aparece como algo mais do que uma aposta metodológica: trata-se de um ato político de valorização do pluralismo antropológico e religioso, levando em conta a singularidade e particularidade das experiências, mas sem perder de vista a importância das religiões no espaço público e privado, dos movimentos contra-hegemônicos e, principalmente, das possibilidades de transgredir fronteiras rígidas e estáticas.

## O diálogo com as teologias feministas e *queer*

A ideia de transgredir fronteiras é indissociável das práxis históricas das teólogas feministas da libertação e *queer*, com destaque às produções de Ivone Gebara, Marcella Althaus-Reid, André Musskopf e Ana Ester Pádua Freire. Para essas teólogas e teólogo, transgressão diz respeito à redenção de corpos dissidentes – como de mulheres negras, indígenas e pobres das periferias da América Latina; ou, ainda, de lésbicas, *gays*, bissexuais, pessoas trans, pessoas com deficiência, dentre outras cujos corpos têm habitado permanentemente o lugar de fronteira. Trata-se de uma atitude radicalmente contrária à ordem dominante que tem violentado e apagado tais existências em função de uma força economicamente (neo)liberal, moralmente castradora e socialmente intolerante. Nesse sentido, a transgressão é mais do que epistemológica: ela é também ontológica, na medida em que propõe mudança do lugar teológico que inclua a possibilidade de fazer teologia a partir da realidade de culturas religiosas subalternizadas.

Essa proposta é viabilizada pelo *princípio pluralista* como instrumento de identificação das situações de fronteira e valorização da alteridade, em "contraposição aos elementos ideológicos sociais e religiosos que anteriormente demarcavam o controle dos corpos [...], e que em boa medida se mantém hoje, especialmente nas estruturas eclesiásticas e religiosas" (p. 233). Em certa medida, isso retoma e amplia perspectivas teológicas feministas, *queer*, da libertação etc., em termos de gênero e sexualidade, e abre espaço para aprofundar processos de diálogo ecumênico e inter-religioso.

Quanto ao aprofundamento dos processos de diálogo ecumênico e inter-religioso a partir da noção de transgressão de fronteiras, reconhecem-se limites e possibilidades. Em primeiro, destacamos a alta complexidade do quadro de pluralismo religioso no Brasil, que, se não mediada por uma análise cuidadosa e sensível às particularidades e diversidades do campo, pode desafiar a efetivação de um diálogo inter-religioso autêntico. Um exemplo oferecido por Ribeiro (2020, p. 139) é o dos pentecostalismos:

> Ainda são poucas as análises sobre as diferentes expressões pentecostais que olham atentamente para sua diversidade, em geral ocasionadas por certa descontinuidade histórico-doutrinária entre elas e as tradicionais características das doutrinas cristãs, o que gera uma intensa diferença nas propostas. Por outro lado, o dado político-ideológico não é unívoco nos pentecostalismos, especialmente nos setores pobres da sociedade. Isso ocorre no interior de uma mesma denominação religiosa [...].

Esse caso é emblemático na medida em que desafia compreensões totalizantes e essencialistas sobre o fenômeno religioso e demonstra que

> as fronteiras se dão também porque as diferentes expressões religiosas no Brasil, assim como a diversidade interna de cada grupo religioso, possuem diferentes e mutáveis compreensões políticas e variadas visões de mundo, muitas vezes até mesmo antagônicas. Além disso, a maioria das experiências religiosas e inter-religiosas no país ora tem mantido um forte apelo de manutenção do status quo e ora é constituída de forte crítica social [...] (p. 139).

Outro desafio diz respeito a gênero e sexualidade. Sendo a religião um sistema simbólico-cultural de produção de sentido, está condicionada a ele, ao mesmo tempo que também se constitui como importante mecanismo de construção da subjetividade humana e, como tal, constrói formas de comportamento e conduta. Isso implica dizer que ao mesmo tempo que a religião determina formas de ser e não ser, ela também é estruturada a partir de determinadas concepções. Uma sociedade cuja égide repousa em modelos coloniais e patriarcais de corpo, sexo, afeto, desejo e prazer estrutura gênero e sexualidade de forma autoritária, hierárquica, restritiva e coercitiva, bem como também o faz a religião. Nesse sentido, a própria estrutura religiosa é organizada a partir de uma concepção de gênero (binária) e (hétero)sexualidade específica, que se materializa em formas de linguagem (como símbolos, ritos, mitos etc.).

Para o *princípio pluralista*, um desafio no reconhecimento e valorização da diversidade sexual e de gênero é, por exemplo, o da representação proporcional entre homens heterossexuais, brancos e mulheres, pessoas negras, indígenas, LGBTQI+ e outras existências dissidentes em espaços de discussão e produção sobre a religião. Há uma tendência de reproduzir normatizações que condenam dissidentes sexuais e de gênero a uma única forma de ser, de falar, de se comportar e de agir nesses espaços, *quando* eles o ocupam. Nesse sentido, o *princípio pluralista* escancara a necessidade de redefinir as bases teóricas sob as quais temos pensado o fenômeno religioso na América Latina. Para que haja diálogo, de fato, é preciso, antes, identificar as relações de gênero e sexualidade pressupostas nesses espaços de discussão, que são também espaços de poder. É preciso aprender com as existências historicamente marginalizadas, caminhando para longe de conceptualizações universalistas e idealistas, como a ideia de uma *ética universal (ou consensual) das religiões, bastante comum nos debates* inter-religiosos que se formaram a partir dos anos finais de 1970.

A ética religiosa consensual, a propósito, não nasceu de nenhum consenso. Com o *princípio pluralista*, Claudio Ribeiro aponta como, apesar de o mundo moderno ter se encantado por uma ideia de ética universal, em geral o suposto consenso parte da perspectiva de uma elite e de uma compreensão específica sobre o relacionamento entre lei e justiça. Essa é também uma reflexão feita pela teóloga argentina Marcella Althaus-Reid, em *Deus Queer* (2019). Ela afirma que essa tentativa de uma ética global supostamente consensual, em vez de articular a realidade prática da América Latina à reflexão intelectual, o faz no sentido de estruturar o plano concreto a uma verdade teológica. Uma de suas críticas é a de que ideias globalistas continuam a trabalhar com a noção de uma história única, idealista, o que tem como consequência um esvaziamento do reconhecimento da pluralidade e da diversidade vivenciada o dia a dia das e dos pobres, ou das e dos dissidentes da América Latina.

**Por uma ética plural**

Na contramão da autoritária universalidade, o *princípio pluralista* propõe perspectivas sobre uma ética plural, que é útil para problematizar especificamente a questão de uma ética universal porque pergunta, por exemplo, pelas relações de poder mais imediatas que estão em jogo dentro desse suposto consenso; quem se privilegia delas; que mecanismos operam nessas relações de poder; de que forma o dispositivo da sexualidade é acionado; quais são as fronteiras estabelecidas; e, principalmente, de que maneira é possível cruzar essas fronteiras. A possibilidade de tomar o lugar fronteiriço como morada serve para "o resgate da vida em sua concretude, resultante de uma espiritualidade que se fundamenta no profundo respeito por todos os seres criados e na preservação da vida" (p. 127).

Finalmente, o *princípio pluralista* chama atenção para a importância de situar o fenômeno religioso dentro de um quadro mais amplo, que envolve inúmeras possibilidades ante a pluralidade e diversidade da cultura, da vida social, dos seres humanos e da natureza. É um caminho potente que vem sendo trilhado a partir de um caminhar transdisciplinar, transcultural e transreligioso em torno do fenômeno religioso e das espiritualidades da América Latina contemporânea. Ele oferece às novas gerações da Teologia e do campo de estudos da Ciência da Religião uma revisita da Teologia da Libertação feita "por dentro", mantendo a valorização do social e político, sem perder de vista questões de gênero e sexualidade, mas também de raça e identidade – o que representa um ganho imprescindível em termos de metodologia e prática ecumênica.

## Referências

ALTHAUS-REID, Marcella. *Deus Queer*. Rio de Janeiro: Metanoia, Novos Diálogos, 2019.

BHABHA, Homi. *O local da cultura*. Belo Horizonte: UFMG, 2001.

RIBEIRO, Claudio de Oliveira. *O princípio pluralista*. São Paulo: Loyola, 2020.

# Quando o caminho pessoal encontra o acadêmico: entre a práxis e a teoria, uma resenha de *O princípio pluralista*

Grazyelle de Carvalho Fonseca

O livro *O princípio pluralista*, de Claudio Ribeiro (2020), busca ser abrangente em diversos aspectos da vida social e religiosa: desde a alteridade ecumênica até espiritualidades integradoras do corpo, da ecologia, da sexualidade, do lúdico, da teologia e do cotidiano. Como aparato de análise hermenêutica, o *princípio pluralista* torna viável uma análise socioantropológica de grupos, experiências, religiões, instituições religiosas e visões de mundo/posicionamento de sujeitos.

Além de uma proposta de revisão teórica do campo teológico, o *princípio pluralista* é uma abordagem conceitual e de ampliação metodológica da perspectiva latino-americana dos estudos de religião. Ela é atravessada pelo ecumenismo e pela alteridade e tem por objetivo estudar as relações fronteiriças, inclusive, entre racionalidade, espiritualidade e subjetividade. Nesta resenha, irei enfatizar a abordagem com base na fundamentação decolonial, pluralista, de memória e subjetividade presentes no livro.

## Pluralismo e decolonialidade

A partir do anseio de propor-se como um instrumental teórico-metodológico que lida com diferentes estruturas religiosas (diversidades internas e externas) e sociais (tais como, cultura, política e economia), o *princípio pluralista* possibilita uma interseção entre os valores individuais e coletivos. Nesses fins, deseja-se estudar desde subalternidades e alteridades até abordagens ecumênicas, cuja interpretação teológica deixa de ser puramente ligada ao transcendental para atentar-se à via antropológica e existencial. As diversas orientações religiosas são investigadas e analisadas em perspectiva dialógica no que diz respeito às noções de fé, salvação e conexão com o cotidiano. Logo, a linguagem religiosa é fruto da percepção humana em conexão com o cosmo:

> Quanto mais olharmos as vivências religiosas dentro de uma lógica plural que perceba suas conexões com as demais experiências humanas – religiosas ou não –, como se inter-relacionam e se interpelam e como podem expressar seus valores fundamentais, mais compreensíveis serão as linguagens da religião (p. 33).

Ribeiro concebe as linguagens religiosas como fruto da concepção humana em relação e em experiência com o cosmos; portanto, tal princípio transborda as fronteiras da teologia devido ao diálogo constante com as perspectivas teóricas da decolonialidade, Ciências da Religião e outras disciplinas das humanidades (FONSECA, 2021).

A abordagem se propõe como um instrumento hermenêutico de mediação teológica cuja atenção se volta para a atuação de grupos e experiências nos "entrelugares", nas fronteiras da cultura e das instituições. A partir do livro, constrói-se uma crítica acerca da teologia apenas pelas igrejas, a "eclesiasticocentricidade", na qual prioriza-se uma confissão religiosa em detrimento das demais religiões no grande campo religioso e da perspectiva ecumênica. Para tanto, o referencial teórico é amplo: Hugo Assmann, Juan Luis Segundo, Julio de Santa Ana, José Comblin, Leonardo Boff, Paul Tillich, Paul Knitter, Ivone Gebara, Maria Clara Bingemer, Marcella Althaus-Reid, Kwok Pui-Lan, Walter Mignolo, Homi Bhabha, Aníbal Quijano e Boaventura de Sousa Santos, dentre outros.

À vista disso, acredito que o *princípio pluralista* requer do pesquisador e da pesquisadora um cuidado com a fundamentação teórica, pois, devido à amplitude de temas que recepciona, pode parecer, à primeira vista, uma aplicação muito maleável. Nesse sentido, o *princípio pluralista* como ferramenta hermenêutica de análise requer um recorte definido do objeto de pesquisa e de uma tomada de posição acerca das pluralidades religiosas, sobretudo, com atenção voltada às subalternidades e à construção de diálogos fronteiriços.

Com a revisão da literatura, o livro oferece uma sólida fundamentação teórica para um estudo hermenêutico e, principalmente, para o estudo do contexto brasileiro. Ao considerar as fronteiras e as mudanças no campo religioso, o *princípio pluralista* também reconhece as pluralidades internas de cada grupo: "o que nos leva a nos referirmos a eles no plural: espiritismos, cristianismos, catolicismos, pentecostalismos, candomblés, umbandas, encantarias, islamismos – quanto nas fronteiras e interações religiosas, que podem ser conflitivas ou harmoniosas" (p. 312).

Assim, esta abordagem dialoga com as propostas decoloniais, na qual o olhar do sujeito pesquisador não se propõe neutro, as interpretações de mundo externas o atravessam e contribuem na construção de perspectivas[1]. São enfatizadas e questionadas as atuações do intelectual latino-americano/ou oriundo do sul-global na construção teórica. Ao adotar a proposta decolonial e elaborar um

---

[1] Nos estudos sobre a decolonialidade, a biografia do/da pesquisador/a nos desafia a nos colocarmos nas fronteiras, não só partir da teoria, mas como prática (MIGNOLO; WALSH, 2018).

princípio de análise em religião, não se deseja construir uma observação universal, mas deslocar o olhar eurocentrado para as questões urgentes nas sociedades do sul, tais como sexualidade, desigualdade social, política e as particularidades religiosas pertinentes ao contexto espaço-temporal.

Dessa forma, a obra realiza um esforço de síntese, no qual, partindo de um olhar de uma teologia protestante, deseja dialogar com as demandas contemporâneas acerca da compreensão de gênero, de diferentes práticas religiosas (incluindo afrobrasileiras) e da política. Apesar do frescor recente dos temas, a herança da Teologia da Libertação faz-se presente com a preocupação com as diferenças culturais e territoriais (tais como construção de movimentos sociais democráticos, formação de base em setores eclesiais e a aplicação da racionalidade na religião).

## Memória e ação

Dentro da perspectiva da subjetividade, Claudio Ribeiro traz na primeira parte do livro a memória como fio condutor para explicitar a origem do termo *princípio pluralista*. Com isso, apresenta-nos que as motivações pessoais estão imbricadas com a vida de pesquisador e teólogo: a urgência dos atos exigida pela mãe na infância; as inclinações políticas de esquerda, sobretudo na década de 1980; e uma cirurgia cardíaca que o levou a refletir sobre a vida. Memória individual e identidade estão relacionadas a uma vivência com o coletivo, direcionada ao balanço/avaliação do passado, e ao mesmo tempo a construção de si está ligada à ação do presente (memória da ação) e à esperança, um engajamento da proposta em ações futuras (memória da espera) (CANDAU, 2021).

Formado em Teologia pelo Seminário Metodista Cesar Dacorso Filho, ele vivenciou as mudanças políticas advindas de um processo de democratização do país, no final da ditadura militar (1964-1985), e cuja Teologia da Libertação possibilitava uma via de pensamento crítico e de base marxista. A perspectiva política de esquerda e progressista formou a visão de mundo do autor desde o passado até os dias atuais; contudo, ele considera que ainda há necessidade de reflexão, "no sentido de encontrar dentro delas mesmas, nas suas intuições mais básicas e nas fronteiras com outras bases da vida, as possibilidades de oferecer às pessoas um sentido mais profundo da existência do humano e da terra" (p. 206). Então, ele rememora: "Na primeira semana de trabalho [como pastor na Baixada Fluminense], procurei colocar em prática aquilo que Deus havia me mostrado desde garoto: que o Espírito Santo não tem barreiras de igrejas ou de religião, que os desafios pastorais são muitos e que somente podem ser enfrentados ecumenicamente" (p. 55).

Ademais, o olhar do autor também acompanhou a mudança da Igreja, sobretudo da igreja evangélica/protestante, em suas missões como pastor metodista: abordagens teológicas de diferentes matizes, incluindo uma teologia ecumênica associada à sociedade (justiça, paz e integridade); o crescimento do pentecostalismo, movimento de difícil compreensão e que necessita um levantamento constante de dados, observação do contexto sociocultural brasileiro, das relações de poder e da ideologia neoliberal; e o advento intensivo das tecnologias de comunicação e de globalização que afetam as formas de experienciar a fé. Então, Ribeiro enfatiza sua postura tanto na práxis (dos anos de pastorado) quanto na teoria (professor universitário e pesquisador):

> [...] tenho mantido as reflexões teológico-pastorais que têm como foco a busca de uma inserção crítica e profética diante da realidade social, a perspectiva ecumênica e a visão missionária ampla que possa ser relevante para os nossos dias, dentro do que estamos intuindo como *princípio pluralista*. Eles estão ao lado das preocupações em torno do método teológico e em torno do pluralismo religioso, que marcaram meus escritos mais recentes (p. 70).

O relato tanto transmite o ponto de vista teórico-prático do autor (ideologia, prática religiosa, posicionamento teórico e subjetividade) como também traz à memória um tema caro para diferentes campos de estudos, que está ligado a uma busca ética pelo não esquecimento, pela preservação e resgate do passado, e um posicionamento diante de um tempo contemporâneo cada vez mais presentista. Para ele, ao recordar, tanto o passado quanto o presente e o futuro estão interligados:

> [...] se seguirmos a visão bíblica da memória não podemos falar somente de passado. Ela é linha imaginária que costura as experiências vividas com o discernimento do tempo presente e com as possibilidades de futuro. As reflexões e memórias que trago possuem forte sentido espiritual, pois possibilitam tal costura. Caso contrário, seriam saudosismo vazio. Trata-se de um *kairos* e que pode ser aproveitado por todos e todas nós no tempo que virá (p. 87).

Vale ressaltar que Ribeiro enfatiza que trabalhos com a envergadura do *princípio pluralista* são um esforço teológico que teóricos tendem realizar com idade mais avançada, mas que, no caso dele, o tempo urgia. Por outro lado, esclarece que as abordagens da memória buscam socializar o legado da teologia latino-americana com gerações mais novas, além de delimitar como tal percurso resultou na formulação do *princípio pluralista*. É pertinente essa observação, visto que, mesmo diante da crescente demanda atual de *escrita de si* nos estudos contemporâneos, ele justifica na obra a colocação da vida/da práxis como fio condutor: não como pedantismo ou autorreferencialidade, mas como partilha, enraizamento.

A própria prática ecumênica é apontada com oscilações de partilhas, frustrações, choro, alegria e ânimo. Assim, a memória é concebida como edificante para o futuro, como utópica. "É por isso que a memória não cessa de se transformar: os grupos sociais mudam sem cessar" (p. 88). Como Walter Mignolo e Catherine Walsh (2018) argumentam, teoria e práxis estão necessariamente interligadas, pois são percepções geopolíticas e corpo-políticas atravessadas pela classe social, pela origem natal, pelos grupos de circulação e assim por diante.

A elaboração do *princípio pluralista* enfatiza as noções de alteridade e ética como elementos pertinentes à compreensão das vivências religiosas. A abordagem de Ribeiro possibilita a inclusão de análises acerca dos temas ligados à justiça e à reparação histórica aos menos favorecidos, até mesmo no que tange às lutas contra-hegemônicas em favor das mudanças sociais relacionadas à economia, política, reprodução social, desigualdade material e reconhecimento da dignidade humana (FONSECA, 2021). Por conta disso, o autor enfatiza a necessidade de diálogo e escuta de diferentes perspectivas religiosas para, então, se reconstruírem permanentemente as suas contribuições para o mundo dentro dos critérios da justiça, da paz e da integridade da criação que marcam o processo político-teológico da libertação.

Seguindo esta abordagem, a concepção de direitos humanos é fundamental para estabelecer um fio condutor diante do diverso matiz religioso, sem perder de vista as ambiguidades, os conflitos, as controvérsias internas e externas aos grupos, bem como a presença de discursos conservadores e fundamentalistas. Devido a isso, o autor considera que abarcar os direitos humanos no âmbito do *princípio pluralista* permite considerar não somente o discurso teológico, missionário e as experiências inter-religiosas, mas também as mobilizações em promoção da paz, da justiça e de equidade de gênero, etnia e sexualidade (FONSECA, 2021). As experiências inter-religiosas que propõem a emancipação humana em perspectiva contra-hegemônica possuem preocupações com "a vida social e política, como os processos de defesa de justiça social e econômica, dos direitos humanos e de terra, da cidadania e da dignidade dos pobres" (p. 36).

## Subjetividade e conhecimento

Dessa maneira, tornar visíveis as subjetividades e as perspectivas é também uma forma de revisitar e questionar como as teorias são consolidadas na academia. Colocando-se no texto e desvencilhando-se da suposta neutralidade acadêmica, possibilita que o *princípio pluralista* seja um instrumento desafiador das teologias cristalizadas e traga os conflitos das diferenças culturais e inter-religiosas. Assim, a partir de uma crítica interna como teólogo:

> [...] o olhar teológico precisa se sentir constantemente desafiado pelas novas visões sociais, políticas e científicas e pelas demandas que a sociedade apresenta. Ele não pode se confinar aos dogmatismos eclesiásticos que somente travam nossa visão, nem às análises que não levam em conta as mudanças culturais e científicas na forma de compreender o mundo. Ao passar por revisões, críticas e autocríticas, a visão teológica terá melhores condições de ser iluminadora de novas práticas, de novas perspectivas conceituais e de novas esperanças (p. 471).

Além das questões pessoais/subjetivas, há uma consciência da fragilidade dos rastros da memória, de luta contra o esquecimento e da tensão entre passado e presente, isto é, a dualidade presença e ausência, desaparecimento dos atos e presente evanescente (GAGNEBIN, 2009). Não se pode perder de vista que a nossa preocupação com a memória dialoga com "o sentimento tão forte da caducidade das existências e das obras humanas, que precisamos inventar estratégias de conservação e mecanismos de lembrança" (GAGNEBIN, 2009, p. 97).

Se a proposta conceitual/teórica do *princípio pluralista* parte de um olhar da teologia protestante, de natureza metodista (cuja origem remonta à história europeia das reformas religiosas), como é possível decolonizar esse olhar? Primeiro, é preciso considerar que as práticas se modificam com os contextos de espaço e tempo. Segundo, as vivências comunitárias, as desigualdades sociais e as heranças estruturais do nosso país (escravagista, oligárquico e, mais tarde, ditatorial) marcam as construções de pertença e de fé. Assim, os estudos decoloniais não rejeitam a abordagem europeia, mas deslocam-na da centralidade e abarcam as abordagens do sul. A construção de análise é a partir da prática/da práxis, é uma maneira de considerar que pessoas, objetos e movimentos sociais também são produtores de saber, e não somente objetos de análise (MIGNOLO; WALSH, 2018).

A partir da abordagem teológica do *princípio pluralista*, Ribeiro afirma que sua busca teológica é "viver e refletir mais sobre a fé, sempre em interação com a vida, deixando a religião em outro plano, se é que possamos fazer tal distinção" (p. 206). Fé é aqui compreendida como pertinente à mobilização de pessoas e grupos; como religião, pode evocar sectarismos e denominações. Ademais, tal proposição se preocupa com a justiça, a paz, o valor humano e a ética social no que tange ao diálogo inter-religioso.

Com isso, reconhece-se a necessidade de superação do binômio ortodoxia-heterodoxia, de revisão das imagens androcêntricas de Deus, pois considera-se que a religião também pode ter construções imagéticas e discursivas excludentes e coercitivas. Portanto, tal proposta permite um olhar para experiências religiosas diversificadas e antagônicas, em constante diálogo com Homi Bhabha, Boaventura de Sousa Santos, Kwok Pui-Lan e Ivone Gebara. Demanda "escutar falas não ditas ou 'malditas', sem respostas previamente determinadas, sem dogmatismos", assim como "refazer o círculo hermenêutico; ouvir novamente as questões que emergem da complexidade social, mergulhar na análise das sociedades como os peixes (e não com o olhar superficial das aves); e, humildemente, contribuir para o seu reverso" (p. 207).

# Referências

CANDAU, Joel. *Memória e identidade.* São Paulo: Contexto, 2021.

FONSECA, Grazyelle. Espiritismos no Brasil. In: RIBEIRO, Claudio de Oliveira (org.). *Diversidade religiosa e o princípio pluralista.* São Paulo: Recriar, 2021, p. 181-202.

GAGNEBIN, Jeanne Marie. *Lembrar escrever esquecer.* São Paulo: Editora 34, 2009.

MIGNOLO, Walter; WALSH, Catherine. *On decoloniality: concepts, analytics, praxis.* Durham: Duke University Press, 2018.

RIBEIRO, Claudio de Oliveira. *O princípio pluralista.* São Paulo: Loyola, 2020.

# O *princípio pluralista* como desafio para a reflexão teológica no século 21

André Yuri Gomes Abijaudi

Diante de um mundo que realça cada vez mais a pluralidade de ideias, visões, línguas, modos de ser e de religiões, o fenômeno pluralista provoca na sociedade atual um sentimento de inquietação embalado pelo crescimento das forças identitárias. É também cada vez mais evidente que o pluralismo provoca uma crise de sentidos e é percebido por muitos segmentos da sociedade – especialmente os mais conservadores – como um fator de risco.

As últimas décadas do século 20 – e as duas primeiras do século 21 – foram marcadas por mudanças socioeconômicas importantes que geraram impactos também na esfera religiosa. Além disso, uma parcela considerável das tradições religiosas se sente ameaçada diante da diversidade religiosa cada vez mais evidente, talvez por tornar explícito que suas conclusões não são tão confiáveis e absolutas como se imaginava.

Em *O princípio pluralista*, Claudio Ribeiro busca enriquecer o debate com novas reflexões, deixando evidente que o pluralismo religioso constitui o principal horizonte a ser considerado pela teologia no século 21. Mais do que isso, propõe a definição do que chama de *princípio pluralista* como "um instrumento hermenêutico de mediação teológica e analítica da realidade sociocultural e religiosa que procura dar visibilidade a experiências, grupos e posicionamentos que são gerados nos 'entrelugares' […]" (RIBEIRO, 2020, p. 19).

# O princípio protestante, o princípio misericórdia e o *princípio pluralista*

Paul Tillich, renomado teólogo protestante do século 20, propôs em sua reflexão teológica que o protestantismo carrega em si o poder de transcender o próprio caráter religioso e confessional de suas realizações históricas, a partir de uma noção que chamou de *princípio protestante*. Esse princípio se caracteriza como a soma dos esforços divinos e humanos no protesto contra qualquer reivindicação absoluta feita por realidades relativas, incluindo qualquer igreja protestante (TILLICH, 1992).

Mas, Claudio Ribeiro não é somente um amante da tradição teológica protestante, como ele mesmo afirma; é também um teólogo herdeiro da tradição latino-americana da libertação com longa experiência oriunda de sua caminhada ecumênica, popular, acadêmica e eclesiástica. Nesse sentido, o autor se inspirou também no *princípio misericórdia* do teólogo espanhol Jon Sobrino que reforça uma grande convocatória à responsabilidade ética e impulsiona para o descobrimento do verdadeiro sentido do que significa "ser humano". Dessa forma, também o *princípio pluralista* se torna herdeiro da reflexão teológica oriunda da tradição teológica protestante, bem como das profundas e compromissadas reflexões propostas pela Teologia da Libertação que se fundamenta e se constrói a partir das diferentes e desafiadoras realidades latino-americanas.

A obra em questão se divide em quatro partes que buscam fundamentar os alicerces teóricos e dialógicos do *princípio pluralista*, como concebido por Claudio Ribeiro: (I) as bases teóricas e conceituais plurais; (II) a pluralidade metodológica; (III) a pluralidade religiosa; e (IV) a pluralidade antropológica. Somam-se a elas uma bem condensada introdução geral e uma inspiradora conclusão com palavras finais que fertilizam o debate pluralista.

## O pluralismo como desafio

Claudio Ribeiro capta com propriedade as grandes mudanças sofridas pela vivência religiosa não somente no Brasil como em outras partes do mundo – embora a América Latina seja o ponto do qual ele observa o cenário mundial a fim de estabelecer suas críticas e reflexões. Tais mudanças se evidenciam, sobretudo, no grande destaque que as tradições religiosas indígenas e afro-brasileiras passaram a receber nos estudos em Teologia e Ciência(s) da(s) Religião(ões) nas últimas décadas.

Essa maior evidência pluralista, proporcionada também pelo avanço da internet e das mídias digitais, acarretou também maior destaque no debate teológico atual. Há desafios enormes que marcam o contexto atual da reflexão em torno do pluralismo religioso. O autor destaca três aspectos principais que constituem os grandes desafios diante do horizonte do *princípio pluralista*: a tarefa de alargamento metodológico e atualização nas formas de compreensão da realidade; a busca pela resposta das questões relativas à emergência das subjetividades no contexto atual; e a priorização das interpretações político-culturais advindas dos encontros e desencontros da teologia com a pluralidade.

Embora os desafios sejam muitos, o autor destaca que a perspectiva pluralista das religiões precisa interpelar em sua dinâmica o contexto teológico latino-americano, principalmente em sua vocação libertadora e sua composição cultural diversificada. A Teologia Latino-Americana da Libertação tem se renovado na elaboração de consistentes reflexões acerca do pluralismo religioso. Um destaque pessoal do autor está na afirmação de que a teologia precisa se sentir constantemente desafiada pelas novas visões sociais, políticas e científicas, bem como pelas demandas antigas e novas que a sociedade apresenta. Ela não pode se confinar aos dogmatismos eclesiásticos ou estará sob o risco de perder sua relevância em face das mudanças que tocam o mundo.

Nesse sentido, o *princípio pluralista* possibilita novas divergências e convergências, outros pontos de vistas, perspectivas críticas e autocríticas para o diálogo e o empoderamento de grupos e de visões outrora subjugados na esfera social. Por isso, o *princípio pluralista* é formulado a partir de lógicas ecumênicas e de alteridade, visando a uma melhor compreensão da diversidade do quadro religioso, bem como das ações humanas em todas as esferas da sociedade. Ele se estabelece a partir da sensibilidade com as distintas expressões culturais ou religiosas, majoritárias ou minoritárias, propiciando múltiplos olhares no horizonte dialógico.

O conceito de entrelugar, destaca o autor, está também relacionado à visão e ao modo como grupos subalternos se posicionam perante o poder praticado e experimentado nos ambientes cotidianos – seja social, político ou eclesiástico. Assim, os entrelugares favorecem maiores aproximações religiosas e, consequentemente, uma valorização do pluralismo não somente como tendências identificadas nas análises, mas principalmente como possibilidades de construções dialógicas. Por isso, o *princípio pluralista* procura se estabelecer sob duas grandezas – alteridade e ecumenicidade – visando a reforçar as experiências religiosas e culturais que constituem os diferentes processos de humanização, democracia, cidadania e, essencialmente, na defesa de direitos humanos e da terra. Mas, acima de tudo, o *princípio pluralista* contempla a perspectiva ecumênica, valorativa do diálogo e das aproximações inter-religiosas, ao passo que também busca ampliar a compreensão das diferenças que se forjam nos entrelugares das culturas, sejam elas religiosas ou não.

De forma geral, diante do quadro religioso e nas possibilidades de aproximações e diálogos inter-religiosos, o *princípio pluralista* procura olhar as religiões em plano dialógico, considerando cada contexto de forma específica. Não se trata de igualdade de religiões, mas de relações justas, dialógicas e respeitosas entre si. Por isso, ele também contribui para a visibilidade da importância pública das religiões nos processos de promoção da paz, da justiça e da integridade da criação.

Como instrumento teológico, o *princípio pluralista* mantém em seus ideais a promoção da vida humana e a busca incessante da paz, da superação dos conflitos e da comunhão justa dos povos. Ele defende que cada expressão religiosa tem sua proposta salvífica e a própria maneira de expressar a fé que devem ser aceitas, respeitadas, valorizadas e aprimoradas a partir de um diálogo e de aproximação mútua, o que não anula nem diminui o valor das identidades religiosas. Não se trata da incorporação das verdades e doutrinas de uma tradição religiosa específica dentro da lógica interna ou da concepção teológica de outra manifestação religiosa, mas, sim, da aceitação da existência de diferentes e distintas realidades de fé que coexistem de forma justa, amável e corresponsável.

Nessa dinâmica, o *princípio pluralista* procura realçar elementos-chave da vivência religiosa a partir das mais variadas esferas da vida humana, de forma a propor um caminho de alteridade e respeito às diferenças, pautando-se pelo diálogo e cooperação prática e ética em torno da justiça social, da paz e das relações do ser humano com a natureza.

## A reflexão teológica entre teoria e prática

Para a teologia, o desafio se constitui na reflexão humanista da alteridade e na construção de pontes e caminhos que fundamentem o diálogo pluralista sob a ótica cristã. Não se trata de uma abordagem inclusivista ou de enxergar as diferentes expressões religiosas como inconscientemente pertencentes à fé cristã, mas de reinterpretar a própria singularidade cristã em si mesma. Essa tarefa exige mais da teologia do que o mero exercício de olhar o cristianismo como fonte de conhecimento autossuficiente para a fé e a religião. Trata-se de um exercício de olhar para a cristandade não como portadora exclusiva da verdade, mas como consciência religiosa ao lado de outras realidades e expressões de fé que considerem, ao mesmo tempo, e ainda que de forma paradoxal, a integralidade da vida humana (isto é, o ser humano como um todo, em todas as suas dimensões) e a subjetividade do ser humano (nas questões que lhe são particulares e que pertencem às diferentes culturas, experiências, sociedades e construções de sentido).

Dessa forma, cabe à teologia separar-se da própria lógica em uma postura de alteridade no diálogo religioso, a fim de que também seja possível ao crente separar-se por completo de seu mundo – sem que deixe de participar dele – para que possa olhá-lo como mundo. Nisso está expressa uma separação que não consiste em uma atitude de nulidade, mas de despertamento para uma nova correlação enraizada na lógica eu-mundo que se desenvolva com base no diálogo e respeito ao pensamento plural. Isso configura o mundo não como soma total de todos os seres, mas como a estrutura ou a unidade de uma multiplicidade.

Nesse sentido, a superação dessa separação constitui um desafio para o próprio *princípio pluralista*, uma vez que, mesmo nos segmentos mais progressistas da sociedade, é comum a individualização exacerbada do ser humano e sua consequente alienação – de si mesmo, do próprio universo de sentido e profundidade e do outro – e também da hierarquização que surge quando as diferenças se estabelecem como qualidades valorativas e meritocráticas. Por isso, o *princípio pluralista* deve se entender como uma realidade crítica e, ao mesmo tempo, autocrítica, para que não corra o risco de absolutizar a si mesmo como princípio autossuficiente e ensimesmado.

A proposta de Claudio Ribeiro parece compreender a magnitude e a importância de tal tarefa, pois não se trata de mero conceito teórico, mas de reflexão experiencial, desenvolvida na realidade prática do enfrentamento aos desafios da vida humana e da superação dos conflitos excludentes e marginalizantes. Isso explica por que o tema da alteridade se torna tão central e essencial no desenvolvimento do *princípio pluralista*. Somente ao considerar o outro como sujeito, não apenas da própria história, mas também de sua realidade de sentido e da construção de sua experiência de fé, mas, ao mesmo tempo, sendo compreendido como parte do todo que compõe a humanidade e a criação, é que se torna possível entender a profundidade, o significado e o desafio da tarefa pluralista.

Assim, o que Claudio Ribeiro propõe não é o acirramento dos debates e tampouco pouco o seu fim, mas a humanização destes. A reflexão teológica e acadêmica é construída a partir da consideração, observação e inclusão das diferentes realidades e expressões culturais e religiosas. Se assim conseguir lograr êxito, o *princípio pluralista* há de se consolidar como importantíssimo instrumento hermenêutico no desafio teológico, dialogal e plural para o universo das religiões e para a sociedade do século 21. Este é o caminho a ser trilhado a fim de que seja possível se reafirmarem os princípios básicos dos direitos humanos e se promover uma cultura de paz e dignidade para todas as pessoas, culturas e religiões.

## Referências

RIBEIRO, Claudio de Oliveira. *O princípio pluralista*. São Paulo: Loyola, 2020.

TILLICH, Paul. *A era protestante*. São Paulo: IEPG, 1992.

# Diálogo e polidoxia

Angélica Tostes

Quando mergulhamos, a partir do *princípio pluralista*, proposto por Claudio de Oliveira Ribeiro, nas águas do diálogo e da hermenêutica latino-americana interfé, nos encontramos com uma gama de autores e autoras que contribuem com as lógicas ecumênicas e de alteridade, tão caras a esse princípio, para se compreender a diversidade religiosa e social. Tais perspectivas – alteridade e ecumenicidade – podem "reforçar as experiências religiosas que se constituem como aprofundamento dos processos de humanização, da democracia, da cidadania e da capacidade contra-hegemônica na defesa de direitos humanos e da terra" (p. 29).

O diálogo interfé na América Latina é sobre ler o mundo com nossos corpos e diferenças. Não é apenas ler textos ou comparar tradições, porque muitas tradições nem sequer têm um texto. É a hermenêutica da leitura da tradição oral, da leitura de canções e cânticos, da leitura de tambores, da leitura de encantamentos, das orações e dos rituais, do banho de ervas, da água, do sangue e da terra, da leitura do ativismo das mulheres por terra e moradia. Nossos corpos leem a palavra. E vamos escrevê-la com nossos corpos. Por isso, o autor nos diz:

> Quanto mais olharmos as vivências religiosas dentro de uma lógica plural que perceba suas conexões com as demais experiências humanas – religiosas ou não –, como se interrelacionam e se interpelam e como podem expressar seus valores fundamentais, mais compreensíveis serão as linguagens da religião (p. 33).

Eu acredito que é impossível realizar um diálogo/mesa inter-religiosa sem levar em conta a experiência das mulheres e as suas lutas. Se dissemos em um discurso de diálogo inter-religioso que buscamos justiça, entendimento dos outros e paz, não podemos fazê-lo sem ouvir as mulheres e a diversidade das experiências delas na América Latina.

A luta pelos territórios faz parte desse cotidiano. A hermenêutica feminista latino-americana do diálogo inter-religioso não se baseia em textos sagrados, mas na vida sagrada das mulheres e em suas lutas. Ao pensar tal hermenêutica, Ribeiro mostra que

> deveríamos elencar a necessidade de uma nova linguagem teológica, forjada nas expressões da corporeidade, da sexualidade e dos desejos humanos, associadas às dimensões místicas de formas de vida marcadas pela alteridade, pela afirmação da diferença, pela poesia e pelo empoderamento de grupos subalternizados, como os de homossexuais, indígenas, trabalhadores e trabalhadores rurais, grupos de base, especialmente de mulheres, de negros e de jovens (p. 36-37).

Por que falar sobre os corpos é importante para uma reflexão sobre hermenêutica e o método inter-religioso na América Latina? O diálogo inter-religioso não deve cometer o mesmo mal-entendido das teologias ocidentais, exilando o corpo de sua construção. O *princípio pluralista* busca o "valor da corporeidade e da sexualidade na reflexão teológica e nas ações concretas de afirmação da vida" (p. 20).

## O *princípio pluralista*

O *princípio pluralista* é um instrumento hermenêutico que busca explorar processos de mediação e de análise teológica, sociocultural e religiosa de grupos localizados nas fronteiras culturais e institucionais. Ele se baseia na noção de entrelugares, que fornecem o terreno para a elaboração de estratégias de subjetivação e de empoderamento de grupos subalternos. São nos entrelugares que as negociações culturais acontecem. Elas ultrapassam a lógica na negação do/a outro/a. Nos lugares fronteiriços é onde as mudanças ocorrem.

O *princípio pluralista* deve ser considerado como uma ferramenta hermenêutica e de análise para a compreensão ampla do fenômeno religioso em suas múltiplas camadas, pensando, a partir de um prisma decolonial, os seguintes desafios: i) alargamento e atualização das metodologias teológicas; ii) valorização das subjetividades como categoria importante para a mística/espiritualidade; e iii) incorporação da pluralidade de corpos, sexualidades e experiências nas interpretações, para além das dimensões políticas tão prezadas pela Teologia Latino-Americana da Libertação.

Ribeiro, assim, define o termo:

> O princípio pluralista se constitui como um referencial de análise facilitador de melhor compreensão do complexo e variado quadro religioso [...]. É um instrumento hermenêutico de mediação teológica e analítica da realidade sociocultural religiosa que procura dar visibilidade a experiências, grupos e posicionamentos que são gerados nos "entrelugares", bordas e fronteiras das culturas e esferas das institucionalidades (p. 25).

Dessa forma, nos é caro o conceito para o aprofundamento do fenômeno religioso que vise à transformação social, a partir da batalha de ideias e disputa hermenêutica antifundamentalista e dialógica.

Ressoamos o desejo do teólogo Daniel Santos Souza (2021, p. 86) para que o *princípio pluralista* seja, de fato, "um movimento de saberes que se entrecruzam e relacionam-se como uma colagem, em experimentação e inovação". Assumindo todos os riscos do processo que se propõe, rompendo colonialidades tão presentes nas discussões sobre decolonialidade, que não deslocam, de fato, os espaços de "saber-poder" (SOUZA, 2021, p. 88). Nessa perspectiva, acreditamos que a aplicação do *princípio pluralista* nas análises da religião deve estar comprometida com a coragem de rupturas e explosões de linguagem e conceitos universalizantes.

Com o objetivo de articular os diversos ângulos, reconhecendo os diferenciais de poder das relações, o *princípio pluralista* auxilia na ampliação das vozes dos grupos subalternos com multiplicidades de experiências e trajetórias religiosas. Sendo assim, tal visão busca o deslocamento e revisão do "centrocentrismo" religioso e cultural, que se alia às violentas formas de exclusão, racismos, heteropatriarcalismos e xenofobias. Para tal tarefa, nos cabe realçar um conceito contido no *princípio pluralista*, a polidoxia, que se articula com a elaboração acerca dos entrelugares/ negociações das culturas, para compreendermos melhor as diferenças religiosas e as possibilidades de diálogo, considerando as suas contradições e limites.

## A noção de polidoxia

O *princípio pluralista* expressa a importância do conceito de polidoxia para compreender que a diferença religiosa se dá no entendimento de que nenhum credo ou crença possui o monopólio da verdade religiosa, a saber, a "revelação de Deus".

Recorremos à polidoxia como um contraposto ao fundamentalismo religioso, pois ela pode ser entendida como abertura e alargamento das visões, opiniões, pensamentos acerca do divino e da experiência religiosa. Polidoxia é um neologismo constituído pelo prefixo *poli*, que implica a diversidade, quantidade, e a palavra *doxa*, que pode significar "opinião" (como em ortodoxia, a "opinião correta"), mas também "glória" e "louvor". Nessa direção, reforçam-se a diversidade, a pluralidade e a fluidez e a variedade da linguagem humana e suas falas acerca do sagrado. Ao recorrer ao pensamento da teóloga Kwok Pui-Lan, o *princípio pluralista* mostra como o termo "polidoxia" revela a ideia de que os cristãos não têm monopólio da revelação de Deus e de que a divindade deveria ser compreendida em termos de multiplicidade, não saber e relacionalidade.

A polidoxia busca romper a relação entre ortodoxia e heresia, ou seja, assim como o *princípio pluralista*, procura deslocar os discursos de poder e amplificar vozes e saberes marginalizados. É necessário compreender que a origem da ortodoxia se dá pela heterodoxia/"heresias" e é marcada pela vontade de dominar e suprimir o diferente. Dessa maneira, a heterodoxia pode ser compreendida como sendo constitutiva da ortodoxia, pois esta tem como objetivo reprimir pensamentos, opiniões e vivências diversas para além do estabelecido.

A polidoxia não pretende cair na visão binária de heterodoxia *versus* ortodoxia, mas antes procura a abertura epistemológica para além dos conhecimentos produzidos a partir do Ocidente, que busca a universalização das experiências e saberes, promovendo assim violências coloniais de gênero e sexualidade, raça, ecológicas. A polidoxia desafia as doutrinas que pretendem deter o monopólio de Deus e da Verdade, assumindo o seu não saber e a abertura para o Mistério do Não Saber.

O desafio proposto encontra-se na multiplicidade de corpos que vivenciam a dimensão religiosa e, por inúmeras vezes, são silenciados pela institucionalidade da fé. A multiplicidade contida na polidoxia é um recurso teológico que ressalta o uso do "pli", dobra. Ela destaca uma relacionalidade que se envolve e se dobra não apenas nas individualidades e singularidades, mas também se entrelaça nos múltiplos. A multiplicidade é um conceito poderoso, mas ao mesmo tempo arriscado, e pode conter armadilhas. O capitalismo, com suas artimanhas, utiliza a pluralidade no contexto de uma economia global, podendo aniquilar toda a diversidade a que se diz clamar.

A multiplicidade revolucionária se diferencia dessa falsa pluralidade capitalista e é uma rica fonte de revelação das possíveis teologias flexíveis, abertas para o divino no mundo, reconhecendo os limites dos saberes, do conhecido. A teologia da multiplicidade assume os limites das metáforas para expressar o divino, assume a fluidez divina em sua incapacidade de definição, rompe os muros e conceitos preestabelecidos para ir além, voar em outras direções não antes apresentadas.

A diferenciação, multiplicidade, é encontrada também nos fundamentalismos que se interconectam em um "ecumenismo (neo)conservador". Diferem entre si em algumas doutrinas, dogmas, ritos, entretanto se unem para combater a multiplicidade que consideram nociva ao *status quo*, especialmente o controle dos corpos de seus membros. A multiplicidade combatida é a das teologias marginais que deslocam o divino para o cotidiano da luta das mulheres, dos negros e negras, da comunidade LGBTQIA+, dos pobres... Teologias a partir de corpos em dissonância com o aceitável dessas comunidades.

Para a nossa análise, é fundamental compreender como as identidades são forjadas a partir de locais de opressão e das lógicas conflitivas do poder. Esse reconhecimento passa pelas estruturas ambivalentes das relações híbridas e, de igual maneira, dos complexos desejos que circulam no chão do império. A opressão, nesse sentido, é a supressão da relacionalidade, que é testificada por doutrinas de separação e de legitimação de inúmeras violências. A relacionalidade na polidoxia é orientada por uma atração ambivalente, esperanças incertas e uma atenção aos últimos, e às minorias, sempre distintas de nós, despertando capacidades criativas e potentes de diálogos, como requer o *princípio pluralista*.

## Referências

RIBEIRO, Claudio de Oliveira. *O princípio pluralista*. São Paulo: Loyola, 2020.

SOUZA, Daniel Santos. O princípio pluralista como um princípio-molotov. In: RIBEIRO, Claudio de Oliveira (org.). *O princípio pluralista em debate*. São Paulo: Recriar, 2021, p. 79-102.

# Sobre os autores e autoras

Alonso Gonçalves – Doutor em Ciências da Religião pela Universidade Metodista de São Paulo e professor do Programa de Pós-Graduação em Teologia da Faculdade Teológica Sul-Americana.

Ana Ester Pádua Freire – Doutora em Ciências da Religião pela Pontifícia Universidade Católica de Minas Gerais e clériga ordenada pelas Igrejas da Comunidade Metropolitana.

André Yuri Gomes Abijaudi – Doutorando em Ciência da Religião na Universidade Federal de Juiz de Fora.

Angélica Tostes – Mestra em Ciências da Religião pela Universidade Metodista de São Paulo e pesquisadora do Instituto Tricontinental de Pesquisa Social.

Claudio de Oliveira Ribeiro – Doutor em Teologia pela Pontifícia Universidade Católica do Rio de Janeiro e coordenador na Capes para Pós-Graduação Profissional da Área Ciências da Religião e Teologia.

Daniel Santos Souza – Doutor em Ciências da Religião pela Universidade Metodista de São Paulo e pesquisador colaborador na Universidade Federal do ABC (UFABC).

Ernani Francisco dos Santos Neto – Doutorando em Ciência da Religião na Universidade Federal de Juiz de Fora.

Faustino Teixeira – Doutor em Teologia pela Pontifícia Universidade Gregoriana, de Roma, e professor colaborador do Programa de Pós-Graduação em Ciência da Religião da Universidade Federal de Juiz de Fora.

Giovanna Sarto – Doutoranda em Ciência da Religião da Universidade Federal de Juiz de Fora.

Grazyelle de Carvalho Fonseca – Doutoranda em Ciência da Religião na Universidade Federal de Juiz de Fora.

JEFFERSON ZEFERINO – Doutor em Teologia pela Pontifícia Universidade Católica do Paraná e professor colaborador do Programa de Pós-Graduação em Teologia da mesma universidade por meio do Programa Nacional de Pós-Doutorado (PNPD/CAPES).

JOSÉ PASCOAL MANTOVANI – Doutor em Educação pela Universidade Metodista de São Paulo e professor de Filosofia na mesma universidade.

MARTIN SANTOS BARCALA – Doutorando em Ciências da Religião pela Universidade Metodista de São Paulo e professor de Teologia da Faculdade da Teologia da Igreja Metodista.

ROSEMARY FERNANDES DA COSTA – Doutora em Teologia pela Pontifícia Universidade do Rio de Janeiro e professora de Cultura Religiosa dessa mesma universidade.

**Edições Loyola**

editoração impressão acabamento
Rua 1822 n° 341 – Ipiranga
04216-000 São Paulo, SP
**T** 55 11 3385 8500/8501, 2063 4275
www.loyola.com.br